LEICHTATHLETIK
WM 2001

EDMONTON

ton 2001
5
6
Edmonton 2001
3

JUTTA DEISS · SVEN SIMON

LEICHTATHLETIK
WM 2001

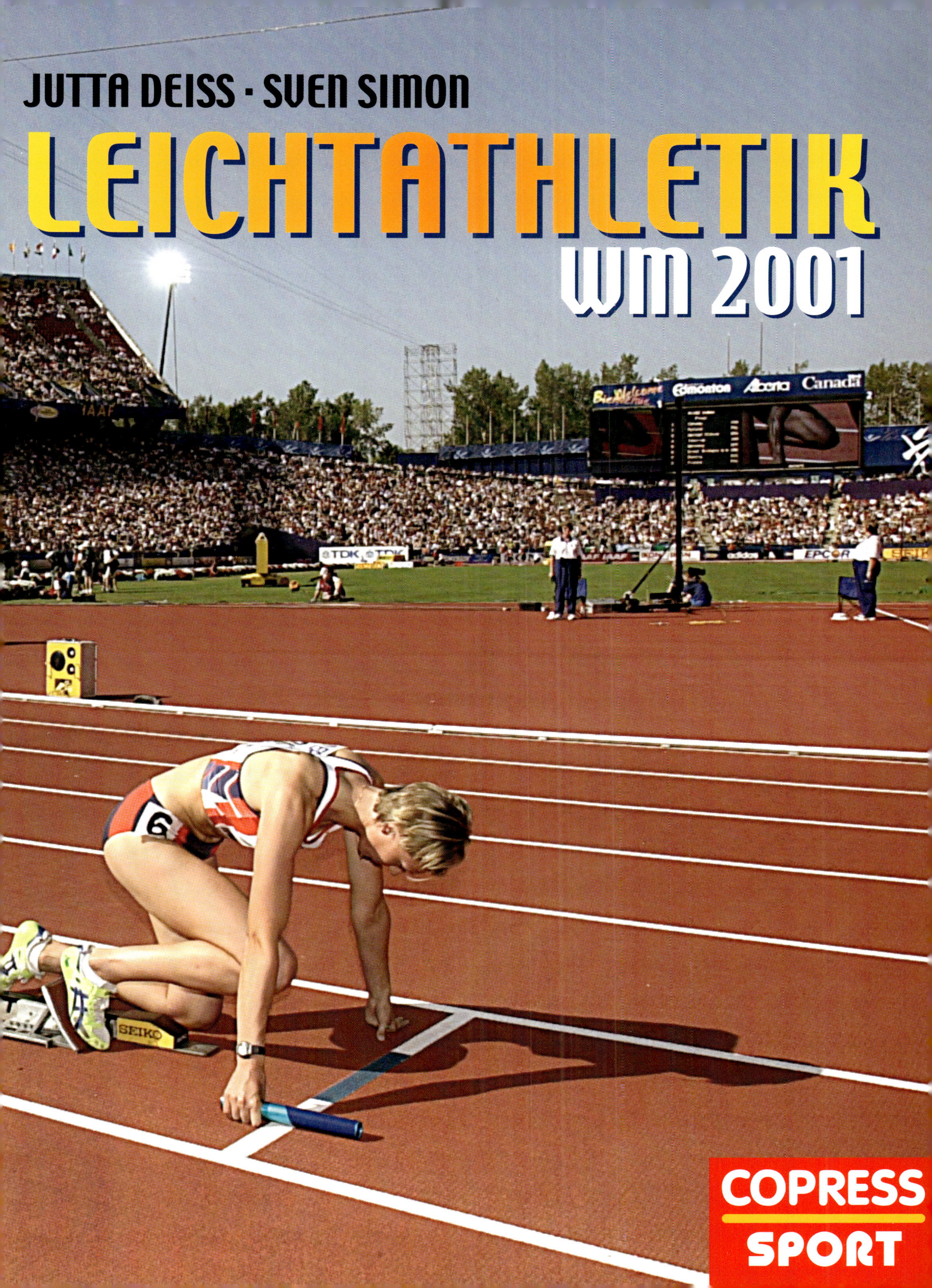

COPRESS SPORT

Inhalt

SEIKO

EPSON
651
EPSON
716

EPSON
831
Edmonton 2001
NORDIC

EPSON
349

MÄNNER

Die erste Leichtathletik-WM in Amerika

Nach sieben Leichtathletik-Weltmeisterschaften in Europa und Asien wurde als Austragungsort für die achte Auflage der Welt-Titelkämpfe erstmals eine Stadt auf dem amerikanischen Kontinent ausgewählt. Edmonton im kanadischen Bundesstaat Alberta erwies sich als kompetenter und engagierter Gastgeber. Die Bewohner Edmontons zeigten sich als hilfsbereite und aufgeschlossene Sportinteressierte, die sehr stolz darauf waren, dass ihre Heimatstadt die bedeutendste Sportveranstaltung des Jahres ausrichten durfte.

Die Freundlichkeit der Gastgeber kann aber nicht überdecken, dass das Leichtathletik-Interesse in Nordamerika trotz aller Erfolge der Athleten aus den USA und Kanada in den vergangenen Jahrzehnten sehr gering ist. Die Leichtathletik ist in Alberta eine Randsportart, die ganz im Schatten dort populärer Sportarten wie Eishockey steht. Die Zuschauerzahlen im Stadion und die Einschaltquoten der Fernsehübertragungen in Nordamerika entsprachen bei weitem nicht den Daten, die man von Leichtathletik-Großereignissen in Europa gewohnt ist. Man muss leider feststellen, dass die Ausrichtung auf dem amerikanischen Kontinent nicht den erhofften Aufschwung des Interesses vor Ort erbracht hat und sollte zumindest mittelfristig die Ausrichtung in andere Kontinente vergeben.

Für die Leichtathletik-Freunde in Europa brachte die Ausrichtung im kanadischen Westen den Nachteil, dass alle Entscheidungen mit acht Stunden Zeitverschiebung weit nach Mitternacht fielen und das Interesse an den Fernsehübertragungen entsprechend gering sein musste. Dass trotzdem noch relativ hohe Einschaltquoten erreicht wurden, spricht einerseits für die qualifizierte Berichterstattung von ARD und ZDF und andererseits für einen großen Kreis von Interessierten, die diesen Nachteil in Kauf nahmen. Als weiterer Kritikpunkt erwies sich wie schon bei vorangegangenen Weltmeisterschaften der sehr ausgedehnte Zeitplan mit unnötigen Längen für die Zuschauer. Leichtathletik-Europameisterschaften werden mit dem gleichen Programm in einem um vier Tage kürzeren Zeitraum abgewickelt.

Für die deutschen Athletinnen und Athleten brachten die zehn Wettkampftage in Edmonton Höhen und Tiefen. Im Endergebnis sind Platz drei in der Nationenwertung nach Endkampfplatzierungen, Platz fünf im Medaillenspiegel und insgesamt sieben Medaillengewinne genau das, was viele Fachleute erwartet hatten. Es war also auf keinen Fall ein negatives Abschneiden der jungen Mannschaft und lässt für die Zukunft, insbesondere für die Europameisterschaften 2002 in München, noch viel erhoffen.

Zu Beginn eines neuen Olympiazyklus entschied sich der Deutsche Leichtathletik-Verband ganz bewusst dazu, vielen jungen Athleten eine Bewährungschance bei dieser WM zu geben. Sie haben die Chance zum großen Teil gut genutzt. Der Anteil derjenigen, die bereits in der ersten Runde ausgeschieden sind, ist erfreulich klein. Sie werden sicherlich von den Erfahrungen profitieren und sich im kommenden Jahr bei der EM im eigenen Land noch steigern können. Es war erfreulich festzustellen, dass es vielen deutschen Athleten gelang, bei der WM ihre Saison-Bestleistung zu steigern. Dies spricht für eine exakte Saisonplanung durch die Athleten und ihre Betreuer. Die schönen Erfolge mit den Titelgewinnen von Martin Buß und Lars Riedel an der Spitze verstellen aber auch nicht den Blick auf die Tatsache, dass in einigen Disziplinen das Leistungsniveau der DLV-Athleten deutlich gegenüber der Weltspitze abfällt und deshalb in manchen Wettbewerben kein deutscher Teilnehmer an den Start gehen konnte. Diese Situation darf aber nicht dazu führen, dass solche Disziplinen in Zukunft in der Förderung vernachlässigt werden. Wie schnell es geschehen kann, dass in einem »totgesagten« Wettbewerb plötzlich wieder ein deutscher Medaillengewinner die Blicke der Öffentlichkeit auf sich zieht, hat der 400-Meter-Lauf mit dem Beispiel Ingo Schultz gezeigt.

Dieser Bildband, für dessen Zusammenstellung ich der Autorin Jutta Deiss, den beteiligten Fotografen und dem Copress Verlag herzlich danke, wird den Lesern die schönen Leichtathletik-Tage von Edmonton mit herausragenden Leistungen der Athleten aus fast 200 beteiligten Nationen in Erinnerung zurückrufen. Er ist eine gelungene Darstellung des herausragenden Sportereignisses 2001 und wird die Vorfreude auf die Highlights der kommenden Jahre steigern.

Dr. Clemens Prokop
Präsident des Deutschen Leichtathletik-Verbandes

Königin des Sprints entthront:
Mit 3 Hundertstelsekunden Vorsprung
bezwingt Shanna Pintusewitsch
die Titelverteidigerin Marion Jones
im Finale über 100 Meter.

Frauen: Kurzstrecken Staffeln

EPSON
GER
EDMONTON 2001
adidas
EPSON
GER
EDMONTON 2001

Quartett mit Silberblick: Eine gereifte und glänzend abgestimmte deutsche 4x100-Meter-Staffel schafft die Sensation und gewinnt hinter den USA und vor Frankreich die Silbermedaille.

Grit im Glück: Nach dem Stabverlust der US-Staffel (kleines Bild: Mikele Barber) hat Schlussläuferin Grit Breuer über die lange Staffeldistanz wenig Mühe, als Zweite über die Ziellinie zu kommen.

GER
DMONTON 2001
adidas

Optimal vorbereitet: Die 4x400-Meter-Staffel (von links: Claudia Marx, Grit Breuer, Shanta Ghosh, Florence Ekpoh-Umah) war zum Saisonhöhepunkt topfit und freut sich über die verdiente Silbermedaille.

EPSON
EDMONTON 2
EPSON
EDMONTON 200
Edmonton 2001

Frauen: 100 Meter

Marion Jones zog den Hut: Gold für Pintusewitsch

Spontane Gesten erzählen manchmal mehr als tausend Worte. Einen kurzen Augenblick brauchte Marion Jones, um ihre Niederlage wahrzunehmen, aber dann drängelte sie sich sofort suchend aus dem Pulk der Fotografen heraus und trabte zu Shanna Pintusewitsch-Block, die ganz allein ein paar Meter weiter weg auf der Bahn kniete und vor Freude weinte. Marion Jones war die erste Gratulantin bei der Frau, die ihr nach 54 Siegen in Serie die erste Niederlage und noch dazu bei einer Weltmeisterschaft beigebracht hatte. Ohne die eigene Traurigkeit zu verbergen, zollte sie der Ukrainerin höchste Anerkennung. Marion Jones: »Ich gratuliere ihr und muss bewusst den Hut vor ihr ziehen: Sie war besser, schneller. Punkt.«

Als Meisterin nach Edmonton gekommen, ging sie als Schülerin wieder weg: »Ich bin jetzt um eine Erfahrung reicher. Ich lerne immer noch als Sprinterin. Ich glaube, ich bin noch jung genug und kann meine Zeiten und meine Technik noch verbessern.«

Schon im Halbfinale hatte sich der Machtwechsel im Sprint der Frauen angedeutet: Eine winzige Hunderstelsekunde Vorsprung beflügelte Shanna Pintusewitsch-Block und dämpfte Marion Jones. Die Ukrainerin hatte auf einmal das sichere Gefühl, sie schlagen zu können – und die Amerikanerin gestand: »Sie hat mich überrascht und auch ein wenig aus der Fassung gebracht.«

Aus der Fassung war, ehrlich gesagt, am Ende vor allem die neue Weltmeisterin: In 10,82 Sekunden hatte sich ihr Leben verändert. Überglücklich rief die 29-jährige Shanna Pintusewitsch-Block eine Szene in Erinnerung, die sie 1997 nach dem WM-Finale in Athen in tiefe Depression gestürzt hatte: Damals glaubte sie sich im Ziel des 100-Meter-Laufs als Siegerin und eilte jubelnd in Richtung Ehrenrunde los, bis der Blick auf die Anzeigentafel sie abrupt stoppte. Die Uhr hatte unbestechlich Marion Jones mit zwei Hundertstelsekunden Vorsprung als Siegerin ausgewiesen. »Seit dieser Niederlage in Athen habe ich nie aufgehört daran zu glauben, dass ich eines Tages für die harte Arbeit im Sport belohnt werde. Und nun ist es geschehen.«

Spätestens in diesem Moment wusste man, dass ihr Weg zum Gold viel länger als 10,82 Sekunden gedauert hat – und dass er nicht auf einer Geraden zu absolvieren war. Irgendwie kann man es auch schon am Doppelnamen erahnen, dass manche Kurve zwischen Start und Ziel lag. Geboren unter dem Namen Shanna Tarnopolskaja, in Kiew bei ihrer Mutter, einer Buchhalterin, aufgewachsen, rannte sie schon in der Schule als 13-jähriger Teenager schneller als alle Jungs. Das gefiel ihr – und sie begann ernsthaft zu trainieren. Sie wurde sowjetische Junioren-Meisterin, 1991 gewann sie mit 19 Jahren die Junioren-Europameisterschaft über 100 und 200 Meter. Nicht nur ihr sportliches, auch ihr privates Glück schien sie auf der Laufbahn zu finden: Sie heiratete den ehemaligen Hürdensprinter Igor Pintusewitsch. Diese Entscheidung stellte sich später als Irrläufer heraus.

Bei ihrer ersten WM-Teilnahme begegnete sie 1993 in Stuttgart erstmals einem Mann, der Schicksal in ihrem Leben spielen sollte. Nur bemerkte sie es noch nicht. Der amerikanische Leichtathletik-Trainer Mark Block erlebte in Stuttgart auch seine erste WM. Sie trafen sich, trennten sich, begegneten sich anschließend bei diversen Sportfesten wieder. Aber das Happyend ließ auf sich warten. Shanna Pinosewitsch lachte und sagte: »Es war keine Liebe auf den ersten Blick.«

Erst 1998 – nach der Scheidung von ihrem ersten Mann – erfüllte sich das Glück: Sie zog von Kiew nach Johnson City in Tennessee, am 17. Januar 1999 heiratete sie Mark Block. Und nach ihrem fünften Platz bei den Olympischen Spielen in Sydney trennte sie sich von ihrem Coach Walentin Bonderenko und nahm den Ehemann auch als Trainer. »In den ersten Monaten war ich nicht sicher, wie lange das gut gehen würde. Ob ich mich vom Dach stürzen sollte oder ob ich gestoßen werde. Das war eine echte Herausforderung für uns beide.« Neun Monate lang habe sie Starts und immer wieder Starts geübt – »manchmal daheim im Wohnzimmer«.

Shanna Pintusewtisch-Block stand übrigens hoch oben auf dem Dach des Athletenhotels mit der Stadt ihres Triumphes zu Füßen, als sie das einen Tag nach ihrem Erfolg sagte. Vom tiefen Fall war keine Rede mehr, nur noch von Höhenflügen in den siebten Himmel. »Von jetzt an werden mich viel mehr Leute kennen«, sagte sie und schaute nach oben. »So langsam fange ich an zu glauben, dass ich Weltmeisterin bin.«

Fehlerlos: Shanna Pintusewitsch-Block

Shanna Pintusewitsch-Block (Ukraine), geboren am 6. Juli 1972 in Neschin. Maße: 1,64 m; 62 kg. Größte Erfolge: Über 100 m Olympia-Fünfte 2000; Vize-Weltmeisterin 1997, WM-Vierte 1999. Über 200 m Weltmeisterin 1997. Champion-Spruch: »Gegen Marion Jones darf man sich keine Fehler leisten – und ich habe keine gemacht.«

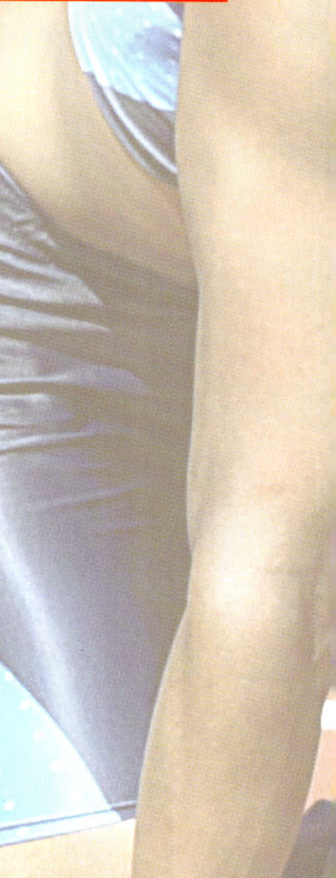

Volle Konzentration: Bereits bei den Vorläufen über 100 Meter wird der US-Sprinterin Marion Jones klar, dass sie nur mit einem optimalen Start eine Chance auf die Titelverteidigung haben würde.

100 m Frauen

WR: Florence Griffith-Joyner (USA) 10,49 (1988)

Finale am 6. August 2001

1. Shanna Pintusewitsch (Ukraine) 10,82 Sek.
2. Marion Jones (USA) 10,85
3. Ekaterini Thanou (Griechenland) 10,91

Verwelkter Lorbeer: Dass im Halbfinale über 200 Meter für Gabi Rockmeier Endstation sein würde, lag im Bereich des Machbaren; ...

Frauen: 200 Meter

Goldener Trost: Die Sammlung ist komplett

Goldschmuck ist Marion Jones einfach lieber als Tafelsilber: Mit ihrem Sieg über 200 Meter ist die goldene Münzsammlung der überragenden Sprinterin seit Edmonton komplett. Aber größer als der Stolz war die Erleichterung der Amerikanerin, nach der Niederlage über 100 Meter der Welt und sich selbst doch noch den Beweis ihrer Klasse liefern zu können. Tonnenschwere Lasten fielen ihr vom Herzen – und es war nun an der Zeit, dies auch zu gestehen. »Nach meinem Erfolg in Sydney und all den Erwartungen, die mich bei jedem Schritt auf der Laufbahn begleiten, musste ich in letzter Zeit mit vielen Dingen zurecht kommen.«

Den sportlichen Druck hatte sich die Kalifornierin mit dem eigenen hohen Anspruch stets selbst gemacht, aber zu diesem galt es dann auch noch, die Trennung von ihrem Ehemann C. J. Hunter nach zwei Jahren Ehe nicht nur zu regeln, sondern auch zu verkraften. Der Kugelstoß-Weltmeister von 1999, der seine Frau stets wie einen Schatten begleitete, hatte das Ende seiner Karriere bekannt gegeben, nachdem er voriges Jahr bei einer Dopingkontrolle positiv getestet worden war. Zwar erklärte Marion Jones in Edmonton ziemlich aufgeräumt: »In meinem Leben hat sich nichts geändert, seit er nicht mehr da ist.« Doch ganz spurlos wird die Verselbstständigung kaum an ihr vorbei gegangen sein. Allerdings mit augenscheinlich durchweg positiven Folgen: So aufgeschlossen und munter wie in Edmonton hat man die ehemalige Basketball-Spielerin selten zuvor gesehen.

Augenzeugin ihres 200-Meter-Erfolgs war übrigens – neben einem lautstarken und begeisterten Publikum – ihre Mama: Marion Jones hatte ihre Mutter Marion Toler mit

200 m Frauen

WR: Florence Griffith-Joyner (USA) 21,34 Sek. (1988)

Finale am 10. August 2001

1. Marion Jones (USA) 20,39 Sek.
2. Debbie Ferguson (Bahamas) 22,52
3. Kelli White (USA) 22,56

Überwältigt: Marion Jones

Marion Jones (USA), geboren am 12. Oktober 1975 in Los Angeles. Maße: 1,78 m; 68 kg. Größte Erfolge: Über 200 m Olympiasiegerin 2000; über 100 m Olympiasiegerin 2000, Weltmeisterin 1997 und 1999; über 4 x 400 m Staffel-Olympiasiegerin 2000; im Weitsprung Olympia-Bronze 2000 und WM-Dritte 1999.
Champion-Spruch: »Von meinem Sieg heute bin ich definitiv überwältigt.«

nach Edmonton gebracht. Ein paar bange Augenblicke musste sie allerdings auch in diesem Rennen überstehen. Die schnelle Tochter kam zwar kraftvoll und in Führung liegend aus der Kurve – aber dann schien Debbie Ferguson (Bahamas) ihr bedrohlich nahe zu kommen. »Auf den letzten Metern fühlte ich mich so müde und die Ziellinie schien weiter und weiter wegzurücken«, schilderte Marion Jones ihren »harten Kampf«, der schließlich nach 22,39 Sekunden doch zum Gold vor Ferguson (22,52) und Kelli White (USA/22,56) führte.
Es war kein schneller Lauf – aber das störte die Weltmeisterin in ihrem 22. Finalsieg über 200 Meter nicht. »Gold ist Gold.« Überhaupt wunderte sie sich: »In den vergangenen Jahren habe ich alle Leute verwöhnt, in dem ich alle Rennen mit einigen Metern Vorsprung gewonnen habe. Und jetzt, da ich einfach nur gewonnen habe, sagen alle, ich hätte ein Problem.« Sie wünsche sich aber »einen positiven Blick«.
Den positiven Blick nahm die Weltmeisterin auf jeden Fall in die Zukunft mit. »Laufen ist meine Leidenschaft und was ich dafür tue, ist kein Opfer. Es ist das, was ich tun möchte.« Das soll auch so bleiben. Auf den Weitsprung hatte sie verzichtet: »Ich habe diese Auszeit nicht bedauert. Ich wollte das Jahr nach Olympia bewusst ein bisschen ruhiger angehen lassen. Aber ich freue mich schon auf das nächste Jahr.«
Aber auch die Konkurrentinnen auf der Bahn freuen sich auf die nächsten Duelle mit der Überfliegerin. Denn sie spüren, dass Marion Jones ihnen diesmal nicht mehr so weit voraus war. Vize-Weltmeisterin Ferguson: »Ich wollte Marion schlagen, das ist heute nicht gelungen – aber ich weiß, dass es mir nächstes Mal gelingen wird.«
Wie schnell Lorbeer freilich auch wieder verwelken kann, sieht man an einem anderen Beispiel: Titelverteidigerin Inger Miller (USA) war im Halbfinale ausgeschieden. So weit hatten es auch die beiden besten deutschen Sprinterinnen, die Zwillingsschwestern Birgit und Gabi Rockmeier (Dortmund), geschafft.

... dass die Titelverteidigerin Inger Miller (USA) dort ebenfalls ausschied, zeigt wie schnell sich die Kräfteverhältnisse im Sprint verändern können.

Frauen: 400 Meter

Breuer auf der Achterbahn der Gefühle

Es ist wirklich zu dumm, wenn sich die Gefühle partout nicht an die Vorgaben der Vernunft halten. »Ich müsste eigentlich doch glücklich sein. Ich bin die viertbeste 400-Meter-Läuferin der Welt. Vor nicht einmal einem Jahr lag ich noch im Krankenhaus.« Vierte. Wieder Vierte wie 1997. »Vierte ist so doof. Das tut so weh.« Die Magdeburgerin Grit Breuer starrte auf die Videowand und die vielen Wiederholungen des 400-Meter-Finales. Es wurde und wurde nicht besser. Trotzdem blieb sie noch auf der Laufbahn sitzen. »Mir ist so vieles durch den Kopf gegangen, ich wollte einfach noch eine Weile alleine sein.« Allein mit sich vor den Augen von zigtausend Zuschauern mitten im Stadion. Dann stand sie auf, suchte mit feuchten Augen die Ränge ab und fand ihren Lebensgefährten und Trainer Thomas Springstein endlich dort oben. Sie zuckte mit Schultern, hob betroffen und ratlos die Arme, als wollte sie sagen: Was soll ich machen? Ich habe doch alles probiert.

Sie hatte wirklich alles probiert. Gekämpft um jeden Meter und bis zum letzten Meter: »Aber die Drei waren besser.« So war es. Die Senegalesin Amy Mbacke Thiam (24) war die Beste: In 49,86 Sekunden lief sie senegalesischen Landesrekord und gewann bei ihrer ersten WM-Endlaufteilnahme Premierengold. »Ich wusste, dass ich gut in Form bin und habe an eine Medaille geglaubt.« Nur die goldene Farbe überraschte sie dann doch. Thiam: »Ich bin sehr glücklich. Es ist ein tolles Gefühl, die Beste der Welt zu sein.«

Nur zwei Hundertstelsekunden fehlten dazu der Jamaikanerin Lorraine Fenton auf dem zweiten Platz. Aber die haderte nicht mit dem knappen Abstand, sondern freute sich »über die Silbermedaille wie über eine goldene«. Eine Oberschenkelverletzung hatte ihre Hoffnungen so weit gedämpft, dass sie heil und froh war mit dem zweiten Platz vor der Mexikanerin Ana Guevara, die in 49,97 Sekunden auch noch unter der 50-Sekunden-Schwelle blieb.

Grit Breuer war mit gemischten Gefühlen in Edmonton angekommen. Ein kleines Wunder war im Prinzip schon geschehen, weil die schwere Bandscheibenoperation (mit dem damit verbundenen Olympia-Verzicht) ihr

Alles versucht: Obwohl Grit Breuer auf der Zielgeraden noch einmal alle Kräfte mobilisiert, verpasst sie als Vierte über 400 Meter diesmal knapp einen Podiumsplatz.

ein Comeback erlaubte. Aber dann versprach der Körper und die Situation plötzlich viel mehr: Mit der zweitschnellsten Zeit des Jahres (49,78 Sekunden) im Gepäck ist sie angereist, die Weltjahresbeste Katharine Merry fehlte – und so war es kein Orakel, dass selbst Olympiasiegerin Kathy Freeman, als Touristin in ihrem Pausenjahr vor Ort, Grit Breuer auf Sieg getippt hatte. Und mit ihr alle, die die Vorlaufzeiten als Maßstab nahmen.

Grit Breuer selbst hatte übrigens nie vom Sieg gesprochen, nicht ein einziges Mal. Sie kennt ihren Körper und seine Grenzen besser als andere. Sie wusste, dass sie knapp ein Jahr nach ihrer Bandscheiben- und Knieoperation damit rechnen musste, dass er den letzten Kick nach Vor- und Zwischenläufen vielleicht nicht mehr mitmachen würde. Sie hat geschuftet, Hoffnungen gebremst – und sich schließlich zusammen mit allen Beobachtern doch von den eigenen schnellen Zeiten verführen lassen.

Deswegen sind letztlich ihre Erwartungen an den Träumen gescheitert, dass es ausgerechnet im Endlauf genauso gut gehen würde wie in den Rennen davor. So war es nicht – und so fand sie ernüchtert zur Tatsache zurück: »Ich muss einfach akzeptieren, dass die anderen schneller waren. Es war ja nicht mal eng nach vorne.«

Letztendlich ist ihre eigene Prognose wahr geworden. Noch vor dem Rennen hat sie mit ihren Eltern daheim telefoniert und gesagt: »Von Platz eins bis acht ist alles drin.« Die 29-jährige hatte wie immer stark begonnen und bis vor die letzte Kurve war sie auf Medaillenkurs. Der Wille im Kopf war da, aber in den Beinen ließ auf den letzten Metern die Kraft nach, mit der sie im Endspurt ihr Gegnerinnen sonst in die Knie zwingt.

Sie bekannte, dass sie – zehn Jahre nach ihrem WM-Silber von Tokio – »halt so gerne auch mal wieder auf dem Treppchen gestanden wäre«. Aber sie lehnte alle Beileidsbezeugungen ab, indem sie den Schalter von Frust auf Lust umlegte. »Jetzt muss es halt in der Staffel klappen«, sagte Grit Breuer und lächelte sich Mut zu.

400 m Frauen

WR: Marita Koch (DDR) 47,60 Sek. (1985)

Finale am 7. August 2001

1. Amy Thiam Mbacke (Senegal) 49,86 Sek.
2. Lorraine Fenton (Jamaika) 49,88
3. Ana Guevara (Mexiko) 49,97

Premierengold: Amy Mbacke Thiam

Amy Mbacke Thiam (Senegal), geboren am 10. November 1976. Maße: 1,83 m; 70 kg. Größte Erfolge: Olympia-Halbfinale 2000; WM-Halbfinale 1999. Champion-Spruch: »Es war mein erster WM-Start. Es ist ein tolles Gefühl, die Beste der Welt zu sein.«

Sauberer Wechsel: Birgit Rockmeier feuert Schlußläuferin Marion Wagner nach einer gelungenen Stabübergabe an und kann sich wenig später über die Silbermedaille freuen.

Frauen: 4 x 100 Meter

Silber (I): Eine Wette auf die Wechsel

Marion Jones kniete demütig vor Dankbarkeit und selig vor Glück am Ziel ihrer Wünsche: Die Weltmeisterin über 200 Meter hatte nach ihrer Niederlage über 100 Meter den Stab der amerikanischen Sprintstaffel zum Sieg getragen und war am Ende der Titelkämpfe mit zweimal Gold und einmal Silber doch noch zur erfolgreichsten Athletin der WM avanciert. Die Gefühlslage der 25-jährigen Kalifornierin: Erleichterung und Freude.

Marion Wagner saß in deren Rücken auf der Bahn, hielt sich krampfhaft an dem blauen Alu-Stab fest, schaute hinauf zur Anzeigentafel und suchte irritiert ihre Kolleginnen, die rund um die Arena verteilt aufeinander zu rannten. Wie denn, wo denn, was denn? Silber! Der zweite Platz. Hatte sie sich verlaufen? »Als ich die zwei hinter dem Germany gesehen habe, dachte ich: Das gibt's doch nicht, dass keine an mir vorbeigekommen ist.« Die Gefühlslage der 23-jährigen Mainzerin: verworren und buchstäblich unglaublich glücklich.

Es dauerte viel länger als die 42,32 Sekunden ihres Rennens zum Vize-Weltmeistertitel, bis

Eine Klasse für sich: Die 4x100-Meter-Staffel der USA mit Kelli White, Chryste Gaines, Inger Miller und Marion Jones lies den Rest der Welt mit 41,71 Sekunden deutlich hinter sich.

sich Melanie Pasche, Gabi und Birgit Rockmeier endlich bei Marion Wagner wieder versammelt hatten. Dann begann die Party: Umarmungen, Glückwünsche, Gekicher – nichts wie rüber und eingehüllt in die Fahne und dann ab auf die Ehrenrunde. Ein Triumphzug fröhlicher Frauen mit strahlenden Gesichtern und einer, die ihr Lachen in Sturzbächen von Tränen versenkte.

Die Startläuferin Melanie Paschke, 31 Jahre alt und seit Februar 2000 Mutter der kleinen Tochter Alexandra, weinte herzzerreißend, weil ihre Geschichte sich von den anderen unterscheidet: 1995 bei der WM in Göteborg hatte die Wattenscheiderin auf dem Höhepunkt ihrer Karriere Platz sechs über 100 Meter, Platz vier über 200 m und schließlich Bronze mit der Staffel gewonnen. Nach weiteren Teamerfolgen (EM-Silber '98) ließ sie es langsamer angehen, und als die Mutterfreuden schließlich ihr Leben veränderten, glaubten viele nicht mehr an die Fortsetzung ihrer Karriere. Kein Wunder, dass in Edmonton ihre Gefühle überliefen. »Noch nie«, sagte Melanie Paschke, »habe ich für etwas so hart gearbeitet. Man weiß so eine Medaille zu schätzen, wenn man mal ganz unten war.«

Von ganz unten nach (fast) ganz oben: Umso schöner ist das, wenn man sich wohl fühlt in dem Quartett, das den einzelnen Erfolg zur gemeinsamen Sache erklärt hatte. Paschke: »Ich habe in all den Jahren noch nie ein Team erlebt, das so ehrgeizig war. Der zweite Platz war kein Zufall.«

Er war kein Zufall, sondern eine Risikowette auf die Wechsel. Alle miteinander haben sie ihre Anlaufmarken nach hinten verlegt, um bei der Stabübernahme ohne Zeitverlust schon voll in Fahrt zu sein. »Hopp oder topp«, gab Birgit Rockmeier (28) die Devise knackig aus, »wir haben gesagt: volles Risiko – und wenn es in die Hose geht: Schwamm drüber.« Ihre Zwillingsschwester Gabi ließ wissen, was schnelle Frauen wünschen: »Wir wollten keinen Blumentopf gewinnen, sondern eine Medaille.«

Die schmucke Damen-Runde strotzte vor Selbstbewusstsein und lief dem Zicken-Image egozentrischer Individualistinnen Hand in Hand davon. Gabi Rockmeier: »Wir sind erwachsen geworden und sagen uns jetzt auch mal die Meinung, ohne dass die andere gleich böse ist.« Dass der Teamgeist ihnen solche Flügel verschafft, hatte nicht einmal Sprinttrainer Bernd Jahn erwartet: »Wir haben im Stillen auf Platz drei gehofft.«

Platz drei belegten die stolzen Französinnen, nach denen Marion Wagner auf ihrem Schlussspurt immer noch suchte: »Ich dachte nur, wo bleiben denn die anderen?« Die 23-jährige rannte hinter Marion Jones her als jage sie einen Räuber und war doch selbst auf der Flucht vor der französischen Schlussläuferin Odiah Sidibé.

Um eine Erfahrung reicher schwenkten sie ihren silbernen Schatz: Selbstbewusst angetreten, super gelaufen – und am Ende doch völlig überrascht, dass das Konzept aufgegangen ist. Melanie Paschke: »Mir fehlen die Worte. Es ist einfach toll.«

4 x 100 m Frauen

WR: DDR 41,37 Sek. (1985)

Finale am 11. August 2001

1. USA 41,71 Sek.
   (Kelli White, Chryste Gaines, Inger Miller, Marion Jones)
2. Deutschland 42,32
   (Melanie Paschke, Gabi Rockmeier, Birgit Rockmeier, Marion Wagner)
3. Frankreich 42,39
   (Sylviane Felix, Frederique Bangue, Muriel Hurtis, Odiah Sidibe)

Frauen: 4 x 400 Meter

Silber (II): Frauenpower zum Finale

»Wenn Grit den Stab hat geht alles gut«: Die WM-Neulinge im deutschen Staffelteam setzten die taktischen Vorgaben ihrer erfahrenen Schlussläuferin Grit Breuer (rechte Seite) so gut wie möglich um und polierten die Medaillenbilanz des DLV auf.

Wie versteinert und so ernst wie bei einer Trauerfeier versammelten Rüdiger Nickel und Frank Hensel aus der deutschen Mannschaftsleitung vor dem Stadion eine Gruppe Journalisten um sich und besprachen fassungs- und ratlos ein Gerücht: Ein Protest gegen die deutsche Staffel sollte womöglich aus Silber Blech werden lassen. Warum, wann, wer? Die Anspannung war groß, die Erleichterung noch größer: Fehlalarm. Grit Breuer gab schließlich Entwarnung: »Es gab keinen Protest, die Aufregung war umsonst.«
Der Krimi und sein Happyend: Die Bilder und Szenen der jubelnden Sprinterinnen waren über Nacht noch frisch im Gedächtnis geblieben, als die deutschen 400-Meter-Läuferinnen das erfolgreiche Staffel-Kapitel am Schlusstag der WM vollendeten. Im Unternehmen Silber II demonstrierten Florence Ekpo-Umoh (23/Mainz), Shanta Ghosh ((26/Rehlingen), Claudia Marx (22/Berlin) und Grit Breuer (29/Magdeburg) Frauenpower zum Finale. In 3:21,97 Minuten belegten die DLV-Staffel hinter Jamaika und vor Russland den zweiten Platz und feierte ihn wie einen Sechser im Lotto.
Ein bisschen Glück gehörte tatsächlich dazu. Die gebürtige Nigerianerin Florence Ekpoh-Umah hatte eine schlaflose Nacht hinter und eine Stadionrunde vor sich, in der sie als Startläuferin Grit Breuers sehnlichsten Wunsch auf den Weg bringen wollte: Irgendeine Medaille wollte die Magdeburgerin, als Vierte über 400 Meter knapp vorbei geschrammt, auf alle Fälle von dieser WM mitnehmen. Aber dafür mussten alle Viere um ihr Leben laufen. »Ich war so aufgeregt und verkrampft«, gestand Ekpoh-Umah. Die WM-Debütantin rannte los wie der Teufel, bloß auf den letzten hundert Metern schwand die Kraft mit jedem Schritt aus den Beinen.
Shanta Ghosh übernahm als Vierte den Stab. Die Füße traten die Bahn und im Kopf hämmerte immer das gleiche Wort: »Dranbleiben, dranbleiben, dranbleiben.« Die Tochter eines indischen Vaters blieb nicht nur dran, sie machte eine Position gut und war nach bärenstarken 49,86 Sekunden »froh, als ich den Stab los war«.
Als Dritte im Bunde ging Claudia Marx in die Spur der führenden Amerikanerin Michelle Collins und der Jamaikanerin Debbi-Ann Parris. Dranbleiben, dranbleiben – »Dranbleiben, damit der Abstand für Grit nicht zu groß wird.« Grit Breuer hatte mit Grip unter den Sohlen und Krips im Kopf die Strategie ausgegeben: »Rennt um euer Leben und halst mir nicht zuviel Rückstand auf, dann kann ich noch was machen.« Die Kolleginnen wiederum vertrauten der routinierten Schlussläuferin. Ghosh: »Wir wussten, wenn Grit den Stab hat, geht alles gut.«
Eine Erfahrung allerdings war dann doch neu für die Chefin der Kompanie: »Ich lief los und plötzlich kam mir die Amerikanerin entgegen.« Was sie nicht wusste: Suziann Reid wollte wie üblich den Stab nach der Übernahme aus der linken in die rechte Hand übergeben, dabei verlor sie den Halt, jonglierte noch ein wenig, verlor ihn schließlich, drehte um und angelte den Stab aus den Blumenrabatten. Wer den Schaden hat, braucht für den Spott bekanntlich nicht zu sorgen: Fernsehkommentator Gerd Rubenbauer verlieh der Geisterläuferin die »Schusselmedaille« – und auf der Anzeigentafel wurde die missglückte Jonglage über lebensgroß und in Wiederholungen zur komischen Nummer im Stadion. Übrigens landete die US-Staffel trotz der Umwege der todunglücklichen Schlussläuferin noch auf dem vierten Platz.
Grit Breuer aber und ihre schnellen Kolleginnen hatten Silber sicher in der Hand. »Wir waren optimal auf den Saisonhöhepunkt vorbereitet«, sagte Shanta Ghosh. Grit Breuer strahlte und lobte: »Die drei anderen jungen Mädels haben ja noch nicht so viel Erfahrung, Aber wie sie das heute gemacht haben, war toll. Es hat alles super geklappt.« Und nächstes Mal, erklärte Florence Ekpo-Umoh, »machen wir es noch besser«.

4 x 400 m Frauen

WR: UdSSR 3:13,17 Min. (1988)

Finale am 12. August 2001

1. Jamaika 3:20,65 Min.
   (Sandie Richards, Catherine Scott, Debbie-Ann Parris,
   Lorraine Fenton)
2. Deutschland 3:21,97
   (Florence Ekpo-Umoh, Shanta Ghosh, Claudia Marx, Grit Breuer)
3. Russland 3:24,92
   (Irina Rosichina, Julia Nosowa, Anastasia Kapaschinskaja, Olesja Zykina)

Frauen: Mittelstrecken/Langstrecken

Rivalinnen der Rennbahn: Im 5000-Meter-Finale hielt sich die unter Doping-Verdacht stehende Olga Jegorowa (links) lange Zeit hinter der Olympiasiegerin Gabriela Szabo (Rumänien; Mitte), die im Endspurt allerdings keine Chance gegen die umstrittene Russin hatte und abgeschlagen Achte wurde.

EPSON
716
EDMONTON 2001
adidas

adidas

Äthiopischer Triumph: Die Titelvergabe über 10 000 Meter geriet zu einer rein äthiopischen Angelegenheit. Hinter der Siegerin Derartu Tulu (links) holten ihre Teamgefährtinnen Berhane Adere und Gete Wami die restlichen Medaillen für die afrikanische Läufer-Nation.

Aus Erfahrung gut: Maria Mutola
Maria Mutola (Mosambik), geboren am 27. Oktober 1972 in Maputo.
Maße: 1,62 m; 61 kg.
Größte Erfolge: Olympiasiegerin 2000, Olympia-Bronze 1996; Weltmeisterin 1993, Vize-Weltmeisterin 1999, WM-Dritte 1997; Hallen-Weltmeisterin 1993, 1995, 1997 und 2001.
Champion-Spruch: »Ich denke, dass ich die Erfahrung habe, dass ich weiß, was ich tue. Ich habe sehr viel Vertrauen in mich.«

Frauen: 800 Meter

Mutolas Beutezug raubt Stephanie Graf das Gold

Drei Hundertstelsekunden fehlten Stephanie Graf und ganz Österreich zum ersten Leichtathletik-Weltmeistertitel. Die Olympiasiegerin Maria Mutola aus Mozambik raubte der führenden Klagenfurterin auf den letzten Metern vor dem Ziel die Hoffnung auf das herbeigesehnte Gold.
Tränen vergoss bei der Siegerehrung allerdings nur die Drittplatzierte Letitia Vriesde: Die in den Niederlanden lebende Athletin aus Surinam gewann sechs Jahre nach dem Silber von 1995 in Göteborg mit knapp 37 Jahren die zweite WM-Medaille im Nationaltrikot ihres Geburtslandes, das sie nach einem Streit um die von der Regierung verhinderte Olympiateilnahme 1984 in Los Angeles für zwei Jahre verlassen hatte.

800 m Frauen

WR: Jarmila Kratochvilova (Tschechien) 1:53,28 Min. (1983)

Finale am 12. August 2001

1. Maria Mutola (Mosambik) 1:57,17 Min.
2. Stephanie Graf (Österreich) 1:57,20
3. Letitia Vriesde (Surinam) 1:57,35

Dies ist freilich nur die Randgeschichte eines Duells der beiden anderen Medaillengewinnerinnen. Silber in Sydney, Silber bei den Hallen-Weltmeisterschaften – in Edmonton wollte Stephanie Graf endlich beweisen, dass sie Gold wert ist. In Österreich übertrug das Fernsehen ausnahmsweise Leichtathletik live aus Kanada. Die Erwartungen waren hoch – und sie waren berechtigt, nachdem die 28-jährige Österreicherin ihre größte Rivalin Maria Mutola bei Meetings in der Saison 2001 schon zweimal besiegt hatte. Aber erstens sind Meisterschaften immer anders – und zweitens lief Stephanie Graf ein kluges, ehrgeiziges, bis zum vorletzten Meter erfolgreiches WM-Finale. Verloren hat sie gegen eine erfahrene, zähe Kämpfernatur, ein jeder Schritt Maria Mutolas wirkte auf der Zielgerade wie eine Attacke auf die Laufbahn. »Ich habe den Schlussspurt ein wenig spät angezogen«, bekannte die Afrikanerin, »aber ich habe genügend Erfahrung. Ich weiß, was ich tue.«

Stephanie Graf nahm die Niederlage auf, wie es ihrem Wesen entspricht: traurig, sympathisch, aber ohne Entsetzen und Bitterkeit. »Ich habe gedacht, ich gewinne.« Sie zuckte mit den Schultern. »Aber das war wohl ein Irrtum.« Begleitet von der typischen Melancholie so knapper Niederlagen analysierte sie ihren Lauf pragmatisch: »Es war eigentlich ein perfektes Rennen, ich habe bis zum letzten Meter gekämpft. Ich habe mir nichts vorzuwerfen. Es hat eben nicht sollen sein.« Tröstend legte ihre Mutter den Arm um ihre Schultern: »Das ist der Sport.«
Rita Graf war 1974 selbst österreichische 800-Meter-Meisterin und trainiert heute noch mit der Tochter. Das Familienunternehmen Graf finanziert die sportliche Karriere Stephanies aus eigenen Mitteln. Von daher wäre die Siegprämie von 60 000 Dollar natürlich ein willkommenes Zubrot gewesen. Aber 30 000 Dollar sind auch kein schlechter Lohn.
Mit Gagen wie im Profitennis ist die Leichtathletik-Honorierung sowieso nicht zu vergleichen. Aber die gelegentlichen Verwechslungen mit dem gleichnamigen deutschen Tennisstar Stefanie Graf nimmt Stephanie Graf mit Humor. Im Trainingslager in Los Angeles machte sie diesbezüglich eine neue

Erfahrung. »Die meisten waren verwundert, dass ich noch keinen Bauch habe...« Aber während Stefanie Graf fröhlich ein Baby erwartete, hoffte Österreich vergeblich auf die Geburt einer Weltmeisterin.

Die Deutsche 800-Meter-Meisterin Ivonne Teichmann (Magdeburg) hat mit dem achten Platz in 2:04,33 Minuten ihre frohen Erwartungen erfüllt: »Ich wollte den Endlauf erreichen.«

Auf den letzten Metern abgefangen: In einem furiosen Finish im 800-Meter-Finale rettet sich die Olympiasiegerin Maria Mutola (Mosambik) mit drei Hundertstelsekunden Vorsprung vor Stephanie Graf aus Österreich über die Ziellinie.

Frauen: 1500 Meter

Szabos Flucht nach vorne

Leichtfüßig zu Gold: Ohne sichtbare Anstrengung überquert Gabriela Szabo als Erste die Ziellinie im 1500-Meter-Finale der Frauen.

Die Flucht nach vorn gelingt Gabriela Szabo mit schnellen Beinen besser als mit eilfertig dahin gesagten Worten: Die zierliche Rumänin gewann mit einem ihrer spektakulären, unwiderstehlichen Sprints ihren ersten WM-Titel über 1500 Meter. Eingangs der Zielkurve löste sie sich aus der Lauerposition an dritter Stelle und überließ nach 4:00,57 Minuten den überspurteten Gegnerinnen Violeta Szekely (Rumänien) und Natalja Gorelowa (Russland) Silber und Bronze.

In Abwesenheit der verletzten Titelverteidigerin Swetlana Masterkowa (Russland) war Gabriela Szabo die Top-Favoritin auf den Sieg gewesen. Ungewöhnlich freilich war die Geste im Ziel: Die Weltmeisterin griff nach dem Handgelenk ihrer Teamkollegin Violeta Szeleky und spielte dem Publikum einen Akt der Versöhnung vor, der die Silbermedaillen-Gewinnerin sichtlich verblüffte.

Die beiden Rumäninnen sind alles andere als Freundinnen, und sie haben gegenseitige Vorwürfe auch schon in Klagen und gerichtlichen Auseinandersetzungen zu klären versucht. So hatte Szabo beispielsweise in einem Interview vorlaut behauptet, die 36-jährige Szeleky sei so hässlich, dass sie deswegen zu einem Sportfest nicht eingeladen worden sei. Während Szabo die Geschichte nach einer Entschuldigung aus der Welt wähnte, hielt Szeleky sich kühl zurück. »Ich gratuliere Gabriela zu ihrem Sieg, aber das heißt nicht, dass ich ihr alles verzeihe, was passiert ist.« Die sportliche Niederlage verkraftete sie mit Größe: »Ich hatte einen ziemlich schlechten Tag, deswegen ist ein Platz auf dem Treppchen ein Erfolg für mich.«

Gabriela Szabo feierte einstweilen ihren besten Tag bei dieser WM: »Ich bin heute einfach nur wirklich glücklich über meinen ersten 1500-Meter-Titel«, erklärte die 25-jährige Siegerin. Für Schlagzeilen hatte sie wegen einer anderen Sache gesorgt, die nun natürlich prompt zur Sprache kommen sollte: Szabo hatte mit einem Boykott eines Starts auf ihrer Paradestrecke über 5000 Meter für den Fall gedroht, dass die Russin Olga Jegerowa antreten darf. Mittlerweile war klar, dass Jegerowa nicht wie erwartet wegen Missbrauchs des Blutdoping-Mittels Epo suspendiert werden würde. Szabo vertagte die Entscheidung über das 5000-Meter-Rennen an ihrem goldenen Tag: »Dies ist nur ein Sport, es ist nicht das Leben. Ich werde eine Nacht darüber schlafen und morgen entscheiden, ob ich laufen werde.« Die Entscheidung am anderen Tag lautete: kein Boykott. Szabo lief – allerdings unter ferner liefen.

Pechsträhne

Ein Missgeschick hatte die Chemnitzerin Kathleen Friedrich im Halbfinale aus dem Rennen katapultiert: Die 24-jährige stürzte nach einem Gerangel 200 Meter vor dem Ziel und trotz bester Aussichten auf die Finalteilnahme. Unter Tränen suchte die unglückliche Athletin nach Erklärungen: »Ich habe immer Probleme mit meinem langen Schritt.« Schon dreimal zuvor war die Deutsche Meisterin auf ähnliche Weise bei Wettkämpfen ins Straucheln und zu Fall gekommen. Nicht nur in eigener Sache hofft sie auf ein Ende der Pechsträhne: »Es tut mir furchtbar leid für meinen Trainer. Er bekommt immer mehr graue Haare.«

Keine Übertreibung: Gabriela Szabo

Gabriela Szabo (Rumänien), geboren am 14. November 1975 in Bistrita. Maße: 1,58 m; 42 kg. Größte Erfolge: Über 1500 m Olympia-Silber 1996, Olympia-Bronze 2000; Hallen-Weltmeisterin 1999. Über 5000 m Olympiasiegerin 2000; Weltmeisterin 1997 und 1999; Vize-Europameisterin 1998. Champion-Spruch: »Dies ist nur Sport, es ist nicht das Leben.«

1500 m Frauen

WR: Yunxia Qu (China) 3:50,46 Min. (1993)

Finale am 7. August 2001

1. Gabriela Szabo (Rumänien) 4:00,57 Min.
2. Violeta Szekely (Rumänien) 4:01,70
3. Natalja Gorelowa (Russland) 4:02,40

Frauen: 5000 Meter

Die Blonde und das Biest – ein WM-Schauspiel

Das 5000-Meter-Finale der Frauen wurde zum laufenden Indizien-Prozess. Die Klägerin Gabriela Szabo verlor das Rennen, wurde nur Achte und gewann das Mitgefühl der Zuschauer. Die Angeklagte Olga Jegorowa gewann den Titel und hatte ihren Ruf längst verloren. Szenen eines satirischen Schauspiels. Der Titel: Die Blonde und das Biest.

Buh-Rufe und Beifall mischten sich auf den Rängen zu einem schrillen Begleitkonzert, als die Russin Olga Jegorowa nach einem langsamen Rennen weit vor dem auseinandergezogenen Rest des Feldes dem Ziel entgegen jagte. Dort angekommen, schaute sie nur kurz auf die Anzeigentafel, griff zur Wasserflasche und taumelte ohne einen Blick zurück aus der Arena die Rampe hinauf zum rettenden Ausgang. Wie benommen stieß sie immer wieder gegen die Seitenwände, hielt sich an der Balustrade fest. Raus, nur raus hier. Ehrenrunde? Sie ahnte, dass es ein Spießrutenlauf werden würde. »Das habe ich vergessen«, sagte sie später.

Unten in der Arena bot Gabriela Szabo ein jammervolles Bild: Die sonnenblonden Haare klebten in wirren Strähnen am schweißnassen Gesicht, auf dem die Erschöpfung tiefe Spuren hinterließ. Statt des zunächst angekündigten Boykotts war sie doch gestartet. Nun stand sie geschlagen von sieben Konkurrentinnen fassungslos im Ziel: Gelähmt von der in den vielen Vor-, Zwischen- und Endläufen über 1500 und 5000 Meter verbrauchten Energie und gedemütigt von einer Siegerin, die – vor dem öffentlichen Tribunal des Volkes des Doping-Vergehens schuldig gesprochen – nach den Regeln der Internationalen Leichtathletik-Verbandes rechtmäßig Gold gewann.

»Für mich«, urteilte die Rumänin, »ist Olga Jegorowa nicht die Weltmeisterin.« Szabo erklärte die Zweitplatzierte zu ihrer Titelgewinnerin, doch Marta Dominguez wiederum wollte davon nichts wissen. »Nein«, sagte Spanierin, die sich in der unfreiwilligen Rolle als Zeugin der Anklage deutlich unwohl fühlte. »Ich bin Zweite. Für mich ist Olga die Siegerin.« In treuherziger Unschuld erfreute sich die Dritte im Medaillenbunde, die Äthiopierin Ayelech Worku, selig ihres bronzenen Glücks und entwaffnete jede Sorge vor den Ergebnissen eines Dopingtests: »Sie können kontrollieren so viel sie wollen. Ich bin kristallsauber.«

Im Gewirr der Fakten, Indizien und Anschuldigungen des Falles Jegorowa sollten wenigstens fast vergessene Maßstäbe des

Angekratztes Gold: Olga Jegorowa

Olga Jegorowa (Russland), geboren am 28. März 1972 in Nowotschebokсarsk. Maße: 1,60 m; 48 kg. Größte Erfolge: Olympia-Achte 2000; Europameisterschafts-Elfte 1998. Champion-Spruch: »Ich will an die Zukunft denken und nicht daran, was in der Vergangenheit geschehen ist.«

Knapp an der Medaille vorbei: Auf Rang fünf beendete DLV-Läuferin Irina Mikitenko (Mitte) die 5000-Meter-Strecke nur Sekunden hinter den Podiumsplätzen.

Gequältes Lächeln: Angesichts der zahlreichen Proteste im Zusammenhang mit ihrem Start über 5000 Meter kann sich die Siegerin Olga Jegorowa offenbar weniger freuen, als die Zweitplatzierte Marta Dominguez (Spanien).

sportlichen Anstands und der Moral als außergerichtliche Verfügung greifen. Deswegen kam die eindeutige Aussage der Frankfurterin Irina Mikitenko wie gerufen: »Ich finde es traurig, dass sie mitgelaufen ist«, sagte die Deutsche, die ihren guten fünften Platz von Sydney wiederholte. »Für mich steht fest, dass sie gedopt hat.«
Die Fakten waren bekannt: Olga Jegorowa war nach dem Golden League Meeting am 6. Juli in Paris die Einnahme des Blutdoping-Mittels Erythropoeitin (EPO) nachgewiesen worden. Der Internationale Leichtathletik-Verband suspendierte die 29-jährige Russin zunächst von der WM-Bühne, musste die Sperre aber wieder aufheben, weil ein Verfahrensfehler bei den Kontrolluntersuchungen die offizielle Anerkennung der positiven Probe nicht zuließ. Die Methodik der Pariser Untersuchung hatte nicht den IAAF-Regeln entsprochen.
Es war so, als hätte ein beim Beutezug auf frischer Tat ertappter Räuber den Freispruch erwirkt, weil die Fahnder bei der Festnahme nicht gesetzestreu vorgegangen waren. Olga Jegorowa beteuerte nach dem Rennen wie vor dem Rennen ihre Unschuld. Zunächst stand sie nur den russischen Landsleuten in ihrer Muttersprache Rede und Antwort. Die Fahnder aller Länder versammelten sich einstweilen im Interview-Zelt zur öffentlichen Verhandlung des Falles. Auf der Hut wie ein Flüchtling auf dem gefährlichen Minenfeld der Feinde riskierte Olga Jegorowa dort keinen Fehltritt.
Ihre Aussage, Olga Jegorowa.
Zur Anklage der Gabriela Szabo: »Die ist eine große Sportlerin. Ich will nichts Schlechtes über sie sagen.« Zum auf einem Transparent während des Vorlaufs veröffentlichten Aufruf (»EPO-Betrüger raus«) der britischen Langstreckenläuferin Paula Radcliffe: »Jeder kann machen, was er will.«
Zu ihrer unglaublichen Leistungssteigerung um 30 Sekunden über 3000 Meter und um zehn Sekunden über 5000 Meter binnen eines Jahres: »Ich habe ganz anders trainiert – in der Höhe und mit viel größerer Kilometerleistung.«
Zu ihrer Einstellung bezüglich der Doping-Kontrollen: »Alle Athleten sollten kontrolliert werden, dann gibt es keine Zweifel mehr. Persönlich verurteile ich EPO, weil es der Gesundheit schadet.«
Zu ihren WM-Tagen: »Solch eine Erfahrung würde ich meinen schlimmsten Feinen nicht wünschen.«
Zu der Frage, ob sie nicht fürchte, dass ihre Goldmedaille schwer beschädigt sei und ihren Wert schon verloren habe: »Abwarten. Das Leben wird es zeigen.«
Zu den Buhrufen im Stadion und der bei der Siegerehrung zu erwartenden Schmährufe: »Hätte ich deswegen Zweite oder Dritte werden sollen?«
Die Hauptdarstellerinnen des zynischen Stücks spielten den Epilog von Edmonton auf unterschiedlichen Bühnen. Die Olympiasiegerin und entthronte Weltmeisterin Gabriela Szabo (25) zog draußen im Zelt die Trainingsjacke über das verschwitzte Trikot und sehnte sich nach Ferien: »Mein erster Gedanke war: Vergiss den Rest der Saison. Ich hatte einfach nur zu viele Rennen in den letzten Tagen. Ich bin so müde. Aber vielleicht nehme ich das zurück, wenn ich Zeit zum Nachdenken hatte.«
Olga Jegorowa redete auf dem Podium im voll besetzten Presseraum tapfer ohne einen Anflug von Lächeln die Freude und das Glück und die Zufriedenheit über ihren Sieg herbei und ignorierte konzentriert alle Versuche, sie in Bedrängnis zu bringen. »Ich will an die Zukunft und nicht daran denken, was in der Vergangenheit geschehen ist.«

5000 m Frauen

WR: Bo Jiang (China) 14:28,09 Min. (1997)

Finale am 11. August 2001

1. Olga Jegorowa (Russland) 15:03,39 Min.
2. Marta Dominguez (Spanien) 15:06,59
3. Ayelech Worku (Äthiopien) 15:10,17

Frauen: 10 000 Meter

Tulus Triumphzug im Dreierpack

Auf ihrem Landsmann Haile Gebreselassies Spuren machten drei Äthiopierinnen im Triumphzug das Rennen über 10 000 Meter unter sich aus: Es gewann die Doppel-Olympiasiegerin von Sydney und Barcelona, Derartu Tulu, knapp vor Berhane Adere (31:48,85). Titelverteidigerin Gete Wami (31:49,98) entschied den Endspurt gegen die Mitfavoritin Paula Radcliffe (31:50,06). Derartu Tulu wunderte sich, dass die unglückliche Vierte das Tempo des Bummelzugs erst 1500 Meter vor dem Ziel beschleunigte. »Ich glaube, das war keine gute Taktik für sie.« Für die Äthiopierinnen, die auch nach langen Wegen noch auf schnellen Beinen dem Ziel entgegen stürmen können, war es eine gute Taktik: Sie stürmten in eindrucksvollem Dreierpack dem Ziel entgegen. »Jede von uns hätte den Spurt gewinnen können«, meinte die 29-jährige Weltmeisterin, die in Addis Abeba als Gefängnispolizistin arbeitet und seit 1998 Mutter einer Tochter ist. Im nächsten Jahr übrigens werden sich Paula Radcliffe, Vize-Weltmeisterin von Sevilla '99, und Derartu Tulu auf einer anderen Strecke wieder treffen: Beide wollen zum Marathon wechseln.

Immer besser: Melanie Kraus (unten, links) beglückwünscht Sonja Oberem zu ihrem hervorragenden fünften Platz in einem Marathonlauf, der auch die Siegerin Lidia Simon (oben) bis an die Grenze der Leistungsfähigkeit brachte.

10 000 m Frauen

WR: Junxia Wang (China) 29:31,78 Min. (1993)

Finale am 7. August 2001

1. Derartu Tulu (Äthiopien) 31:48,81 Min.
2. Berhane Adere (Äthiopien) 31:48,85
3. Gete Wami (Äthiopien) 31:49,98

Frauen: Marathon

Zählreime mit Sonja Oberem

Marathonläuferinnen besitzen neben Ehrgeiz, Taktik und Kampfgeist naturgemäß jede Menge Ausdauer. Diese Tugend wird Sonja Oberem über die nächsten Jahre helfen. Fehlerfrei rechnete die Diplom-Betriebswirtin erst einmal zurück, um vorwärts zu denken: Achte war sie 1995 in Göteborg, Siebte 1997 in Athen, Sechste 1999 in Sevilla – und in Edmonton? Richtig: Mit Platz fünf war die 28-jährige Leverkusenerin nach 2:28:17 Stunden nie zuvor so nah an einer Weltmeisterschafts-Medaille. »Jetzt muss ich nur noch vier Jahre weitermachen, dann bin ich 2005 mit Bronze dran.«
Genau so lange nahm Lidia Simon Anlauf auf ihre erste Goldmedaille: Die 27-jährige Rumänin gewann nach zweimal Bronze (1997 und 1999) und Silber bei den Olympischen Spielen in Sydney endlich ihren ersten großen Titel. Sie machte es freilich spannend: Erst 500 Meter vor dem Ziel wagte sie den Vorstoß gegen die Japanerin Reiko Tosa, lief mit gerade mal fünf Meter Vorsprung ins Stadion ein – und erfüllte sich dann auf einer eindrucksvollen Schlussrunde ihren Herzenswunsch. Simon: »Ich habe schon so viele Medaillen, dass diesmal die Goldene mein einziges Ziel war.«

Marathon Frauen

WR: Tegla Loroupe (Kenia) 2:20:43 Std. (1999)

Finale am 12. August 2001

1. Lidia Simon (Rumänien) 2:26:01 Std.
2. Reiko Tosa (Japan) 2:26:06
3. Swetlana Zacharowa (Russland) 2:26:18

Top im Trio: Derartu Tulu

Derartu Tulu (Äthiopien), geboren am 21. März 1972 in Bejoki. Maße: 1,55 m; 45 kg. Größte Erfolge: Olympiasiegerin 1992 und 2000, Olympia-Vierte 1996; Vize-Weltmeisterin 1995. Champion-Spruch: »Das Tempo war nicht so schnell. Ich habe auf meinen Spurt vertraut.«

Mutterfreuden: Lidia Simon

Lidia Simon (Rumänien), geboren am 4. September 1973 in Targu Carbunesti. Maße: 1,57 m; 44 kg. Größte Erfolge: Olympia-Silber 2000, WM-Dritte 1997 und 1999, Weltcup-Zweite 1995. Champion-Spruch: »Heute Nacht werde ich tanzen gehen, nächstes Jahr möchte ich ein Baby und dann kehre ich zurück. Sie können darauf wetten, dass ich in Athen laufen werde.«

In einer anderen Liga: Auch die Italienerin Elisabetta Perrone (links) konnte Olimpiada Iwanowas (Russland, rechts) Alleingang zu Gold über 20 Kilometer Gehen nicht verhindern.

Frauen: 20 km Gehen

Parademarsch der Medaillenlosen

Die Stadionmitarbeiter räumten in aller Eile die Hürden beiseite, die 30 000 Zuschauer erhoben sich und feierten die Frau mit der roten Laterne – und Angela Keogh (39) glaubte zu träumen. »Ich konnte es gar nicht fassen, dass sie alle meinetwegen aufgestanden sind.« Stehende Ovationen für eine Letzte: Nach 2:48:46 Stunden – zehn Minuten über ihrer Bestzeit, die sie eigentlich brechen wollte – marschierte die 39-jährige Geherin von der Mini-Pazifik-Insel Norfolk Island in die Arena ein und hatte gerade genug Verspätung, dass sie nicht mit den Hürdensprintern kollidierte.

Eine Geschichte am Rande rückte so für ein paar Augenblicke in den Mittelpunkt eines WM-Spektakels, das für die Disziplin Gehen meistens nur Seitenblicke übrig hat. Angela Keogh ist eine von 20 aktiven Leichtathleten auf ihrer Heimatinsel, auf der nur 1800 Menschen leben. Als Power-Walkerin hatte sie mit Freundinnen vor sieben Jahren ausgedehnte Wanderungen unternommen, um ein wenig Gewicht abzuspecken und fit zu bleiben.

Als Angela Keogh kam, wartete die Weltmeisterin schon seit einer Dreiviertelstunde geduscht und umgezogen auf die Siegerehrung. Aber der Beifall für sie war lange nicht so herzlich ausgefallen. Die 31-jährige Russin Olimpiada Iwanowa gewann in 1:27:48 Stunden und beklagte sich danach über die nicht ernst zu nehmende Konkurrenz, die ihr die Freude am Sieg schmälerte: »Richtig zufrie-

Start-Ziel-Sieg: Olimpiada Iwanowa

Olimpiada Iwanowa (Russland), geboren am 5. Mai 1970 in Munsyuty Chuvashiya. Maße: 1,67 m; 49 kg. Größte Erfolge: Europacup-Siegerin 2000; Weltcup-Zweite (über 10 km) 1997.
Champion-Spruch: »Ich schaue nicht gerne auf den Rücken anderer und laufe lieber von Anfang bis Ende vorne.«

20 km Gehen Frauen

WR: Olimpiada Iwanowa (Russland) 1:24:50 Std. (2001)

Finale am 9. August 2001

1. Olimpiada Iwanowa (Russland) 1:27:48 Std.
2. Walentina Tsibulskaja (Weißrussland) 1:28:49
3. Elisabetta Perrone (Italien) 1:28:56

den bin ich nicht, dazu waren die anderen einfach nicht stark genug.«
Olimpiada Iwanowa hat freilich ihrer Disziplin auch nicht immer Freude beschert: 1997 war ihr die WM-Silbermedaille im Nachhinein aberkannt worden, nachdem die Dopingfahnder das anabole Steroid Stanozolol in ihrem Urin gefunden hatten. Nach zwei Jahren Sperre kehrte sie zurück, lief im März in Russland Rekord, gewann in Edmonton und verschwand nach dem Zieleinlauf ohne ein Lächeln in den Katakomben.
Ganz anders verhielt es sich mit Melanie Seeger, die für das vielleicht fröhlichste Kapitel der deutschen WM-Bilanz sorgte und dabei noch einem kleinen Irrtum aufsaß, der sich zu ihren Gunsten korrigieren ließ. »Acht ist meine Glückszahl«, sagte die am 8. Januar 1977 geborene Athletin mit der Quersumme acht in der Startnummer. Als (zunächst) Achte kam die Potsdamerin nach 1:30:41 Stunden ins Ziel und jubelte wie eine Siegerin. Sie war eine: Deutschen Rekord war sie gegangen und über den Platz, der später wegen der Disqualifikation einer Konkurrentin sogar noch ein siebenter wurde, war sie so glücklich, weil sie den Weg viel schneller und technisch so blitzsauber hinter sich gebracht hatte, dass nicht eine einzige Verwarnung auf ihrem makellosen Strafzettel stand. Vor lauter Freude rannen die Tränen über ihr strahlendes Gesicht. Über 180 Kilometer hatte sie Woche für Woche vor der WM im dreiwöchigen Trainingslager in Flagstaff abgespult. Seeger: »Ich bin so glücklich, dass sich das alles so gelohnt hat.« Der Lohn war mehr wert als die Prämie, die sie wie einen Lottogewinn entgegennahm. »Ich habe noch nie Geld fürs Gehen bekommen.« Und vielleicht hat sie auch nie vor so vielen Menschen mit ihrer Fröhlichkeit so viel Freude ausgelöst.

adidas
CANADA
EPSON
112
EDMONTON 2001
Edmonton 2001

Frauen: Hürdenläufe

Voller Energie: Bereits in den Vorläufen über 100 Meter Hürden zeigt sich die wilde Entschlossenheit der späteren Weltmeisterin Anjanette Kirkland (USA, rechts).

Frauen: 100 Meter Hürden

Die Krallen griffen nicht

100 m Hürden Frauen

WR: Jordanka Donkova (Bulgarien)
12,21 Sek. (1988)

Finale am 11. August 2001

1. Anjanette Kirkland (USA) 12,42 Sek.
2. Gail Devers (USA) 12,54
3. Olga Schischigina (Kasachstan) 12,58

Erfahrung gesammelt: Die Kölnerin Kirsten Bolm (großes Bild) kam über den Vorlauf nicht hinaus und hatte mit der Medaillenvergabe über 100 Meter Hürden (rechte Seite; von links: Gail Devers, Anjanette Kirland und Olga Schischigina) nichts zu tun.

Selbstzufrieden: Anjanette Kirkland

Anjanette Kirkland (USA), geboren am 24. Februar 1974 in Pineville/Louisiana. Maße: 1,72 m; 66 kg.
Größte Erfolge: WM-Halbfinale 1997, Hallen-Weltmeisterin (über 60 m Hürden) 2001.
Champion-Spruch: »Ich bin eine zufriedene Person.«

Sechzehn Monate lang ließ die dreimalige Hürden-Weltmeisterin (1991, 1995, 1999) Gail Devers ihre Fingernägel zu bedrohlich angriffslustigen Krallen wachsen, lackierte sie aufreizend Blau und wollte damit nach dem vierten WM-Titel greifen. Am Ende des Hürdensprints aber hielt ihre amerikanische Landsfrau Anjanette Kirkland (27) die Goldmedaille in den Händen.
In der Weltjahresbestzeit von 12,42 Sekunden holte die gelernte Landwirtin nach dem Hallen-WM-Sieg über 60 Meter Hürden im Winter nun auch die Ernte der Sommersaat ein, die sie nach ihrem unfreiwilligen Abgang aus der John-Smith-Trainingsgruppe (unter anderem mit Weltmeister Maurice Greene) zusammen mit ihrem neuen sportlichen Betreuer Tony Dees (USA) ausgelegt hatte. Dees, olympischer Silbermedaillengewinner 1992 und WM-Vierter 1999 über 110 m Hürden, sitzt als Athlet eine zweijährige Zwangspause ab, nachdem er bei den US-Hallenmeisterschaften im März 2001 durch den Dopingtest gefallen war: Die Kontrolleure fanden die verbotene Substanz Nandrolon in seiner Probe.

Die haushohe Favoritin Gail Devers strauchelte mehr über die eigenen Füße als an der überraschenden Siegerin. Die 34-Jährige: »Ich hatte keinen guten Start und habe versucht, Boden gut zu machen. Aber die letzten drei Hürden wurden mir zum Verhängnis«.
Mehr als eine halbe Stunde benötigte die Jury, um das Zielfoto auszuwerten und die Bronzemedaille an Olympiasiegerin Olga Schischigina zu vergeben: Die Kasachin war zeitgleich in 12,56 Sekunden mit der Bulgarin Svetla Dimitrova gestoppt worden.

MOROCCO
EPSON
537
EDMONTON 2001
4

Frauen: 400 Meter Hürden

Gold als Lohn für die Geduldsprobe

Nezha Bidouane strahlte heller und wärmer als die Sonne an diesem kühlen, heiteren Sommerabend: Die Marokkanerin revanchierte sich eindrucksvoll für ihre Niederlage gegen Daimi Pernia bei den Weltmeisterschaften in Sevilla 1999 und gewann mit fast einer Sekunde Vorsprung vor der Russin Julia Nosowa (54,27) in 53,34 Sekunden die 400 Meter Hürden. Keinen Augenblick hat sie in den vergangenen zwei Jahren den unglücklichsten Augenblick ihrer Karriere vergessen. Eine einzige Hundertstelsekunde verlor sie in Sevilla den Endlauf und damit den 1997 in Athen gewonnenen Titel an die Kubanerin Pernia. »Auf diesen Moment habe ich seit dieser Niederlage gewartet«, bekannte die 31-jährige Olympia-Zweite nach ihrem Sieg in Edmonton. Gold als Lohn für die Geduldsprobe bescherte ihr die kluge und kompromisslose Taktik, die ihr Trainer ihr auf den Weg über die Hürden mitgegeben hatte. »Er hat gesagt, ich soll langsam anlaufen und dann am Ende immer schneller werden.«

Nezha Bidouane, die mit dem ehemaligen afrikanischen Hindernis-Meister Abdelaziz Sahere verheiratet ist, hatte ihre sportliche Laufbahn als Kunstturnerin zu Gunsten der Leichtathletik aufgegeben, als sie 1984 Nawal El Moutawakel als erste marokkanische Frau olympisches Gold in Los Angeles gewinnen sah. Längst ist sie in ihrer Heimat selbst Vorbild für junge Mädchen – und seit Edmonton ist sie es wieder als Siegerin.

Daimi Pernia fühlte sich mit Bronze nicht so sehr düpiert. »Ich bin auch damit froh, immerhin bin ich eine der drei schnellsten Hürdenläuferinnen der Welt.« Die Silbermedaillengewinnerin Julia Nosowa (23) hatte sich von einer Erkältung noch nicht restlos erholt und räumte dennoch ein, dass sie die Zeit der Siegerin auch ganz gesund nicht erreicht hätte. »53,3 Sekunden kann ich zur Zeit nicht laufen.«

Der Weg zum zweiten Titel nach 1997 war für Bidouane ein wenig leichter durch die Tatsache, dass Olympiasiegerin Irina Priwalowa nach einer Knieoperation nicht antreten konnte. Allerdings hat die Russin schon ihr Comeback angekündigt: Die WM in Paris 2003 und Olympia in Athen 2004 sind fest eingeplant.

400 m Hürden Frauen

WR: Kim Batten (USA) 52,62 Sek. (1995)

Finale am 8. August 2001

1. Nezha Bidouane (Marokko) 53,34 Sek.
2. Julia Nosowa (Russland) 54,27
3. Daimi Pernia (Kuba) 54,51

Lauf mit Hindernissen: Heike Meissner blieb in ihrem Vorlauf knappe dreieinhalb Sekunden hinter der späteren Siegerzeit der Marokkanerin Nezha Bidouane (53,34 Sekunden).

Geglückte Revanche: Nezha Bidouane

Nezha Bidouane (Marokko), geboren am 18. September 1969. Maße: 1,74 m; 65 kg.
Größte Erfolge: Olympia-Dritte 2000; Weltmeisterin 1997, Vize-Weltmeisterin 1999.
Champion-Spruch: »Auf diesen Moment habe ich seit der Niederlage gegen Daimi Pernia gewartet.«

Frauen: Sprungdisziplinen

Schwierige Bedingungen: Auch die Stuttgarterin Yvonne Buschbaum hatte unter dem verwirrenden Ablauf des Stabhochsprungfinals zu leiden und konnte ihre guten Trainingsleistungen im Wettkampf nur bedingt umsetzten.

Sand im Getriebe: Trotz einer bereits beim Aufwärmen erlittenen Verletzung unternimmt die Weitsprung-Olympiasiegerin Heike Drechsler (oben) einen Versuch, den sie aber unter Schmerzen abbrechen muß.
Niki Xanthou (großes Bild) weitester Satz lag bei 6,76 Meter und brachte der Griechin lediglich Platz sechs.

EPSON

Frauen: Dreisprung

Klarer Fall für Lebedewa

Souveräner kann man nicht gewinnen: Die Russin Natalja Lebedewa sprang in allen drei gültigen Versuchen (15,11, 14,93 und 15,25 Meter) weiter als die Konkurrentinnen und wunderte sich ein wenig darüber: »Nach der Qualifikation dachte ich noch, dass meine Gegnerinnen weiter springen würden.« Mit jedem schwächeren Sprung der anderen gewann die Olympia-Zweite von Sydney an Selbstvertrauen. Trotz drei ungültigen Versuchen flog sie im letzten zur Verfügung stehenden Sprung mit 15,25 Metern am weitesten.

Spannender als die Geschichte der Siegerin war die Aussage der zweitplatzierten Francoise Mbango Etone (14,60 Meter) aus Kamerun. Die 25-jährige Afrikanerin hatte bei ihrem Verband und der Regierung ihrer Heimat vor der WM um Förderung gebeten. »Ich sagte ihnen: Wartet nicht auf eine Medaille, helft mir jetzt. Unterstützt mich, wie Ihr unserer Fußballer unterstützt.« Sie hoffte auf Förderung, um in Frankreich trainieren zu können. Die Hilfe blieb ihr versagt. »Ich habe alles selbst und ohne fremde Hilfe finanziert.« Klar, dass sie stolz auf ihre Silbermedaille schaute.

Bronze gewann die Bulgarin Teresa Marinowa mit nur zwei Zentimetern Rückstand auf die Einzelkämpferin aus Kamerun. »Ich bin ein bisschen enttäuscht – nicht über Bronze, sondern wegen meiner Weite.« Aber mit 23 Jahren kann sie auf die Zukunft bauen: »Ich bin noch jung und habe Zeit.«

Lehrreich: Tatjana Lebedewa

Tatjana Lebedewa (Russland), geboren am 21. Juli 1976 in Sterlitamak.

Maße: 1,71 m; 60 kg. Größte Erfolge: Olympia-Silber 2000; WM-Vierte 1999; Hallen-Europameisterin 2000; Hallen-Vize-Weltmeisterin 2001.

Champion-Spruch: »Jeder große Wettkampf gibt dir neue Erfahrungen für die Zukunft. Auch heute habe ich etwas Neues dazugelernt.«

Dreisprung Frauen

WR: Inessa Krawets (Ukraine) 15,50 m (1995)

Finale am 10. August 2001

1. Tatjana Lebedewa (Russland) 15,25 m
2. Francoise Mbango Etone (Kamerun) 14,60
3. Teresa Marinowa (Bulgarien) 14,58

Alles Gold: Jeder ihrer drei gültigen Sprünge hätte der Russin Natalja Lebedewa den Titel gebracht – der beste Versuch lag mit 15,25 Meter sogar in Reichweite des Weltrekords.

Schöne Bescherung: Die drei Medaillengewinnerinnen im Hochsprung (von links: Inga Babakowa, Hestrie Cloete, Kajsa Bergqvist) freuen sich über ihre Auszeichnungen.

Hochsprung Frauen

Nicht nur Vögel haben Flügel

Es sieht lustig und sehr eigenwillig aus, wenn Hestrie Cloete die Hochsprung-Latte überfliegt. Zuerst schließt sie die Augen und flüstert dem lieben Gott ein kleines Gebet zu, und wenn sie dann abhebt, sieht es aus, als lasse sie Flügel wachsen. Sie rudert mit den Armen und greift nach imaginären Halteschlaufen in der Luft. »Ich weiß auch nicht, woher das kommt. Vielleicht bin ich ein Vogel.« Hestrie Cloete hatte allen Grund, Späße zu machen: Die 23-Jährige Südafrikanerin gewann den Weltmeistertitel im Hochsprung. Die geschlagene Titelverteidigerin Inga Babakowa (Ukraine) diskutierte nicht lange über Stil und Technikfragen. Es ist doch ganz einfach: »Wenn das Resultat gut ist, ist die Technik gut.«

Die 34-jährige Ukrainerin war die Einzige, die im Hochsprung-Finale mit der Siegerin auf die gleiche Höhe von 2,00 Metern kam, allerdings brauchte sie dafür erheblich mehr Versuche als die elf Jahre jüngere Konkurrentin. »Mein Problem war der starke Wind, der mir ins Gesicht blies. Dadurch hatte ich Schwierigkeiten mit meiner Technik.«

Die Schwedin Kajsa Bergqvist (24) gewann mit 1,97 Metern Bronze wie in Sydney und analysierte den feinen Unterschied: »Hestrie springt mehr mit Kraft, ich setze eher auf die Anlaufgeschwindigkeit.«

Sprungtechnik hin, Stilfragen her: Hestrie Cloete hat trotz ihrer Jugend schon jede Menge Erfahrung mit physischen und psychischen Ausfallerscheinungen. Schon 1999 war sie die dominierende Hochspringerin auf der Welt – und dann vermasselte sie die Qualifikation fürs Finale. Deswegen galt ihr ganzes Mitgefühl der russischen Olympiasiegerin Jelena Jelesina mit dem gleichen Schicksal in Edmonton. »Es tut mir so Leid für sie.« Die Zukunftspläne der neuen Höhenfliegerin sind himmlisch erdverbunden: Sportlich visiert sie die Olympischen Spiele in Athen 2004 an, um danach andere Blick-Punkte zu setzen: »Nach Athen möchte ich der Leichtathletik adieu sagen, dann werde ich in Südafrika ein Auge auf meinen Ehemann werfen und vielleicht werde ich dann auch ein Baby bekommen.«

Hochsprung Frauen

WR: Stefka Kostadinova (Bulgarien) 2,09 m (1987)

Finale am 12. August 2001

1. Hestrie Cloete (Südafrika) 2,00 m
2. Inga Babakowa (Ukraine) 2,00
3. Kajsa Bergqvist (Schweden) 1,97

Gottes Segen: Hestrie Cloete

Hestrie Cloete (Südafrika), geboren am 26. August 1978 in Germiston. Maße: 1,85 m; 68 kg.
Größte Erfolge: Olympia-Silber 2000, WM-Zehnte 1997, Weltcup-Zweite 1998.
Champion-Spruch: »Wenn meine Augen geschlossen sind, spreche ich ein kleines Gebet.«

Auf Biegen und Brechen: Tatjana Grigorjewa legt ihr ganzes Können in diesen Versuch, schafft aber am Ende bei Höhengleichheit mit der Drittplatzierten Monika Pyrek nur Rang vier.

Frauen: Stabhochsprung

Ein Krimi mit Irrungen in der Höhenluft

Solche Wettkämpfe war die Überfliegerin nicht mehr gewöhnt: In einem über mehr als vier Stunden dauernden Stabhochsprung-Finale im Augenwinkel der sensationellen Sprintniederlage des amerikanischen Superstars Marion Jones blieb deren kaum weniger prominente Landsfrau Stacy Dragila schließlich doch obenauf. Die 30-jährige Kalifornierin hatte die noch junge Frauen-Disziplin mit 15 Weltrekorden, dem Weltmeistertitel von 1999 und dem Olympiasieg in Sydney in die Schlagzeilen gerückt, aber am spannenden Krimi ihrer Titelverteidigung von Edmonton schrieb eine (fast) gleichwertige Konkurrentin mit. Ein einziger Sprung trennte am Ende bei gleicher Höhe Gold von Silber. Stacy Dragila gewann mit 4,75 Meter, die Russin Swetlana Feofanowa wurde mit 4,75 Meter Zweite vor der Polin Monika Pyrek (4,55).

»Lange hatte ich keinen so hochwertigen und harten Wettbewerb mehr«, stöhnte die erfolgreiche Titelverteidigerin, »die Konkurrentin hat mich so hart auf den Fersen wirklich immer höher gejagt.« Fünf Stufen von 4,60 Meter an nach oben nahmen die Amerikanerin und die Russin gemeinsam – und gemeinsam machten sie sich auch auf die Ehrenrunde. »Ich fühle mich nicht als Verliererin«, sagte Swetlana Feofanowa, die mit ihrer versilberten Leistung einen neuen Europarekord aufstellte.

Technische Fehler und allerlei Missverständnisse unter den Kampfrichtern stifteten an der Stabhochsprung-Anlage derart viel Verwirrung und eine schier unzumutbare zeitliche Verzögerung. Die Latten wurden irrtümlich auf falsche Höhen gelegt, Athletinnen mussten Versuche wiederholen und scheiterten prompt. Selbst die erfahrene Siegerin hatte Mühe, sich von diesen Störfaktoren

Jagdfieber: Stacy Dragila

Stacy Dragila (USA), geboren am 25. März 1971 in Auburn/Kalifornien. Maße: 1,72 m; 63 kg. Größte Erfolge: Olympiasiegerin 2000, Weltmeisterin 1999, Hallen-Weltmeisterin 1997. Champion-Spruch: »Schon lange wurde ich in einem Wettkampf nicht mehr so gejagt.«

nicht aus dem Konzept bringen zu lassen. »Es war ein mentales Problem, den Ärger auszublocken.«

Es war ein verständlicher Ärger, den Dragilas Manager Peter Stubbs konkret formulierte: »Es ist bitter. Diese Mängel im Wettkampfablauf hat Stacy 100 000 Dollar gekostet.« 100 000 Dollar waren bei den Weltmeisterschaften als Prämie für einen Weltrekord ausgelobt. Dragila: »Mit einem besseren Wettkampf-Rhythmus hätten wir heute hier entweder von mir oder von Swetlana einen Weltrekord erleben können.« So aber waren im Vier-Stunden-Marathon zu viel Kraft und zu viele Nerven auf der Strecke geblieben.

Die Russin sah das genauso – und blieb bei allem Frust über die für eine WM unwürdigen Bedingungen gelassen: »Ich bin nicht wirklich enttäuscht.« Die Drittplazierte Monika Pyrek war nach einer verletzungsbedingten, zehntägigen Trainingspause glücklich, neben ihren Vorbildern auf dem Medaillentreppchen stehen zu dürfen: »Die beiden sind wirklich erstaunliche Athletinnen. Ich hoffe, dass ich eines Tages wie sie werden kann.«

Das hoffen natürlich alle Stabhochspringerinnen – aber die Luft ist dünn dort oben. Eine Erfahrung, mit der auch die deutschen Teilnehmerinnen nach Hause fuhren. Die Stuttgarterin Yvonne Buschbaum scheiterte an 4,50 Meter und wurde mit 4,45 Meter Fünfte, obwohl sie noch im Trainingslager in Calgary »so gut wie nie zuvor« gesprungen war. Die 21-jährige Olympia-Sechste musste auch dem verwirrenden Ablauf Tribut zollen. Kein Wunder, dass ein WM-Neuling sich da noch schwerer tat: Debütantin Caroline Hingst (Ries) wurde mit 4,25 Metern Zehnte.

Stabhochsprung Frauen

WR: Stacy Dragila (USA) 4,81 m (2001)

Finale am 6. August 2001

1. Stacy Dragila (USA) 4,75 m
2. Swetlana Feofanowa (Russland) 4,75 (KR)
3. Monika Pyrek (Polen) 4,55

Ein halber Meter Unterschied: Während sich die WM-Debütantin Carolin Hingst (oben) mit 4,25 Meter achtbar aus der Affäre zog, wurden Gold und Silber (unten Stacy Dragila und Swetlana Feofanowa, links) erst bei 4,75 Meter vergeben.

Frauen: Weitsprung

Drechsler ging – und die May ist gekommen

Fiona May vollführte Freudentänze, die an ihre karibischen Wurzeln erinnern. Die in England geborene Tochter jamaikanischer Vorfahren gewann für ihre Wahlheimat Italien nach 1995 wieder WM-Gold im Weitsprung. Ein wahrlich kosmopolitisches Schauspiel: Auf der Tribüne applaudierte Heike Drechsler und freute sich mit der Rivalin, der sie so oft die Tour vermasselt hatte. Diesmal fiel das Weitsprung-Duell der beiden langjährigen Wettstreiterinnen aus. Die Karlsruher Olympiasiegerin musste wegen einer schmerzhaften Aduktorenverletzung zuschauen, als die WM-Medaillen vergeben wurden.

Aber auch die verbliebenen Weitspringerinnen machten der 35-Jährigen das Comeback nicht leicht: Ein einziger Zentimeter trennte Gold vom Silber in der Sandgrube. Die Italienerin legte im dritten Versuch die Siegweite von 7,02 Meter vor; die schließlich zweitplatzierte Russin Tatjana Kotowa schob 7,01 Meter im vierten Versuch nach. Das ist ein Abstand, der eine Zweite nicht zur Verliererin macht. Umso schmerzhafter war freilich die Tatsache, dass die Weltjahresbeste aus Russland, die mit einer Vorleistung von 7,12 Metern nach Edmonton gekommen war, statt 60 000 Dollar Siegprämie und Gold mit 30 000 Dollar und Silber zufrieden sein musste.

Und noch eine enttäuschte Athletin stand auf dem Podest: Titelverteidigerin Niurka Montalvo war mit 6,88 Metern Dritte geworden und gar nicht glücklich. Die 31-jährige, gebürtige Kubanerin war wegen ihres Nationalitäten-Wechsels nach der Hochzeit mit einem Spanier bei den Olympischen Spielen in Sydney nicht für ihre neue Heimat startberechtigt und wollte in Edmonton zeigen, dass sie Gold wert ist. »Im letzten Versuch wollte ich mein

Bestes geben – und dann wurde mein schlechtester daraus. Ich habe bekommen, was ich verdient habe, weil ich heute zu mehr einfach nicht fähig war.«
Niemand kennt solche Situationen und Gefühlslagen besser als Fiona May. Zweimal Olympia-Zweite, einmal WM-Zweite – die ewige Zweite. »Diese zweiten Plätze haben mich ganz krank gemacht. Ich hab' schon fast nicht mehr daran geglaubt, jemals wieder gewinnen zu können«, bekannte sie nach ihrem Jubeltanz. Nach Edmonton will sie es der 400-Meter-Olympiasiegerin Cathy Freeman gleichtun und nach ihrem Triumph ein Jahr Verschnaufpause einlegen. Comeback inklusive: »Ich werde auf jeden Fall zurückkommen. Athen naht – und dort möchte ich gerne meinen Auftritt von heute wiederholen.«
Wird sie dann wieder auf Heike Drechsler treffen? Olympia 2004 in Athen ist noch weit, aber ganz ausschließen mochte die 36-jährige Weitsprung-Lady nicht einmal dieses große Fernziel. Es ist das Wesen sportlicher Kämpfernaturen, sich im Jammertal nicht aufzugeben, sondern optimistisch nach vorne zu schauen.
Das Bild war ja auch herzzerreißend jämmerlich: Beim ersten Versuch zur Qualifikation trabte Heike Drechsler über den Absprungbalken weiter direkt in den Sand, ließ sich untersuchen und bandagieren und lief zum zweiten Versuch an. 4,45 Meter maßen die Kampfrichter – und Heike Drechsler winkte erst ab und dann winkte sie scheu ins Publikum mit einer traurigen Verbeugung zum Abschied. Beim Einspringen sei es passiert. Sie habe das Gefühl gehabt, dass der Sand nicht sauber flach gezogen gewesen sei, habe sich schon beim Absprung unglücklich verdreht und die Flugbahn verändert. »Schon beim Flug hat es im Oberschenkel gezuckt.«
»Machen wir uns nichts vor«, sagte der Mannschaftsarzt Dr. Helmut Schneider nach der Diagnose, »so viele Jahre Leistungssport gehen nicht spurlos an einem Körper vorbei«. Vielleicht, sagte Heike Drechsler, »war das alles ja auch zuviel nach Olympia. Ein Höhepunkt und noch ein Höhepunkt und noch ein Höhepunkt.« Aber sie sei alt genug, um mit so einer Situation umzugehen. Und jung genug, um an die nächsten Jahre zu denken. DLV-Präsident Clemens Prokop freut sich, dass der Pechvogel nicht resigniert hat. »Wir planen fest mit Heike Drechsler.«
Das Glück der späten Jahre bekommt eine neue Chance.

Weitsprung Frauen

WR: Galina Tschistjakowa (Russland) 7,52 m (1988)

Finale am 7. August 2001

1. Fiona May (Italien) 7,02 m
2. Tatjana Kotowa (Russland) 7,01
3. Niurka Montalvo (Spanien) 6,88

Frühlingsgefühle: Fiona May

Fiona May (Italien), geboren am 12. Dezember 1969 in Slough (Großbritannien). Maße: 1,81 m, 60 kg. Größte Erfolge: Olympia-Zweite 1996 und 2000; Weltmeisterin 1995, WM-Zweite 1999, WM-Dritte 1997; EM-Zweite 1998. Champion-Spruch: »Diese ewigen zweiten Plätze haben mich ganz krank gemacht. Ich dachte schon, ich kann nicht mehr gewinnen.«

Ewige Zweite ganz oben: Nach langen Jahren des Wartens und oftmals von Heike Drechsler (oben) bezwungen, hat es für Fiona May endlich wieder zu einem großen Titel im Weitsprung gereicht.

Frauen: Wurfdisziplinen

Volle Konzentration: Kurz vor dem Wurf geht Steffi Nerius noch einmal den ganzen Bewegungsablauf durch – unter dem Strich kamen für die Speerwerferin 62,08 Meter und Platz sechs heraus.

Frauen: Kugelstoßen

Ladies first: Kleinert-Schmitt holt die erste Medaille für den DLV

Triumph und Traurigkeit sind oft nah beieinander: Der Deutsche Leichtathletik-Verband feierte mit Nadine Kleinert-Schmitt die erste Medaille der Titelkämpfe – und litt mit Astrid Kumbernuss unter deren Sturz vom Thron. Die 25-jährige Magdeburgerin gewann – wie schon 1999 in Sevilla – die Silbermedaille vor der nach einer zweijährigen Doping-Sperre in den Kugelstoßring zurückgekehrten Ukrainerin Wita Pawlitsch (19,41 m). Nur war diesmal nicht die Teamkollegin Astrid Kumbernuss, sondern die weißrussische Olympiasiegerin Janina Koroltschik mit 20,61 Metern auch bei der WM nicht zu schlagen.

Es gibt Medaillengewinnerinnen, die ihr Glück ausgelassen feiern und die dank der Gunst der Stunde den großen Auftritt im Rampenlicht der Weltöffentlichkeit genießen. Nadine Kleinert-Schmitt schritt im Stadion die lange Rampe hinauf zum Ausgang, gab vor den Fernsehkameras unkapriziös die Antworten auf die nötigsten Fragen, diktierte dieselben Sätze den übrigen Journalisten in die Blöcke, ließ den Pflichttermin der internationalen Pressekonferenz sausen und fuhr in den DLV-Club. »Aber auch nur ganz kurz.«

Nadine Kleinert-Schmitt ist eben anders als andere Medaillengewinnerinnen. Freude ist nämlich auch eine sehr private Angelegenheit. Natürlich versucht man, sie aus dem Versteck zu locken. Aber die Magdeburgerin verschob den stolzen Hinweis auf die eigene Stärke erst einmal und staunte mehr über die Schwäche der anderen: »Ich weiß auch nicht, was mit den anderen los war. Vielleicht hatten sie keine Lust, oder es war ihnen zu heiß. Ich dachte immer, da muss doch noch was kommen. Aber es kam nichts.«

Tatsächlich hielt ihr erster Versuch über 19,54 Meter allen Gegenangriffen der Konkurrenz stand. Wie 1999 in Sevilla war ihr die Silbermedaille sicher, als sie entspannt zum letzten

Kugelstoßen Frauen

WR: Natalja Lisowskaja (Russland) 22,63 m (1987)

Finale am 5. August 2001

1. Janina Koroltschik (Weißrussland) 20,61 m
2. Nadine Kleinert-Schmitt (Magdeburg) 19,86
3. Wita Pawlitsch (Ukraine) 19,41

Versuch in den Ring ging. Sie wusste: Die Olympiasiegerin Janina Koroltschik (Weißrussland) war mit 20,61 Metern als neue Weltmeisterin nicht mehr zu schlagen. Aber die 25-jährige Magdeburgerin hatte dennoch zum Schluss ein Bonbon parat: 19,86 Meter – die Kugel flog weiter als je zuvor. Und da blitzte sie kurz auf, diese Freude. Sie tanzte über den Rasen, rannte zur Tribüne und holte sich von ihrem Trainer Klaus Schneider die erste Gratulation: »Klasse gemacht.« Dann brachte Nadine Kleinert-Schmitt im ersten Kommentar alles unter, was sie sagen wollte: »Das war ein perfekter Tag: Ich habe Silber, habe Astrid Kumbernuss geschlagen und meine persönliche Bestleistung gesteigert. Was will ich mehr?« Nur eins fiel ihr dazu noch ein: »Über 20 Meter stoßen – aber das kommt auch noch.«

Als sie später mit freundlichem Applaus im DLV-Club empfangen wurde und ihr als kleines Souvenir ein kanadischer Cowboy-Hut und ein Halstuch überreicht wurde, huschte ein Lächeln über ihr Gesicht. Aber sie fing es gleich wieder ein.

Kein Kontrast ist auch ein Kontrast: Die entthronte Titelverteidigerin Astrid Kumbernuss (Sechste mit 19,25 Metern) erzählte traurig und enttäuscht von der schmerzlichen Erfahrung der Niederlage. »Da bist du Olympiasiegerin und Weltmeisterin gewesen und dann trittst du auf einmal im Stadion als Niemand ab. Das tut weh und ist schwierig zu verdauen.« Sie sei in dieser Saison mental einfach nicht gut drauf und habe auf das Prinzip Hoffnung gesetzt: » ...dass es im Kopf Klick macht«. Doch unabhängig vom Ausgang der WM hatte Astrid Kumbernuss nie an ein Karriereende gedacht. Der Frust war eine vorübergehende Angelegenheit mit dem klar formulierten Ziel, ihn zu überwinden. »Aufhören? Nein, dazu macht mir das Ganze doch noch zu viel Spaß.« Neben der traurigen Neubrandenburgerin erzählte die alte und neue Vize-Weltmeisterin von dem beängstigenden Gefühl, dass sie beschlichen hatte, weil ihr die eigene Ruhe im Wettkampf ungewohnt vorkam. »Ich war so locker, das kenn' ich nicht von mir. Und dann ist die Kugel einfach geflogen und geflogen.«

Die Kugel ist geflogen, aber die Gefühle blieben gefangen. Früher war die Magdeburgerin oft an ihren flatternden Nerven gescheitert, aber seit sie mit einer Personalberaterin in langen Gesprächen die innere Unruhe bekämpft, hält sie der Anspannung stand. Das hat ihre Wettbewerbsqualität verändert, aber nicht ihr Wesen.

Die Sehnsucht nach dem Besonderen drückt sich bei Nadine Kleinert-Schmitt nicht in Worten, nicht in Gesten, sondern in optischen Akzenten aus: Die vormals blonden Haare sind inzwischen in Schwarz und Rot gefärbt. Ob das ein Signal sei? »Nein«, sagt sie. »Das habe ich irgendwo gesehen und es hat mir gefallen, also habe ich es machen lassen.« Sie wurde oft gefragt, warum sie nicht auch noch Gold tönen ließ. »Jetzt ist es Silber geworden«, sagt sie. Und meint die Medaille, nicht den Haarschopf. Auch ihr Outfit in der Arena sorgte für Aufsehen. Sie trug einen schwarzen Einteiler, der einen Arm mit langen Ärmeln einhüllt und den anderen nackt lässt. Ein Symbol? Ein modischer Gag? »Nein«, sagt sie. »Der Anzug wurde vor den Olympischen Spielen für die Zehnkämpfer und Diskuswerfer gemacht. Aber von denen wollte ihn keiner tragen. Also hab' ich gesagt: Bevor Ihr die so wieder mitnehmt, probier' ich ihn aus.«

In Sydney hatte er ihr mit Rang acht kein Glück gebracht. In Edmonton, sagte sie, hat er geholfen. Und dann drehte sie versonnen an ihrem Ehering, den sie als ihren wahren Glücksbringer betrachtet, und trollt sich runter als Büffet zum Essen. Es war ein leiser Augenblick der Wahrheit: Freude ist kostbar und manchmal eine sehr intime Angelegenheit. Die Vize-Weltmeisterin trug den Teller hinaus ins Freie und verzehrte ihr Medaillenmahl am Bistrotisch im Stehen. Drinnen im Saal war kein Platz mehr frei.

Die Kastanien aus dem Feuer geholt: Die Titelverteidigerin und Olympiasiegerin Astrid Kumbernuss (großes Bild) kam nie richtig in den Wettkampf und landete mit 19,25 Meter auf Platz sechs, aber da gab es ja noch Nadine Kleinert-Schmitt, die mit persönlicher Bestleistung (19,86 Meter) alle überraschte und verdient die Silbermedaille gewann.

Aus Erfahrung klug: Janina Koroltschik

Janina Koroltschik (Weißrussland), geboren am 26. Dezember 1976. Maße: 1,86 m; 87 kg. Größte Erfolge: Olympiasiegerin 2000; WM-Vierte 1999. Champion-Spruch: »Nach den Olympischen Spielen habe ich zu viel gefeiert. Diesmal bin ich klüger.«

Frauen: Diskuswerfen

Dietzsch: Die Wut kam zu spät

Am liebsten wirft Franka Dietzsch schon den Diskus in die Arena. Aber es gibt Situationen, da würde sie am liebsten alles und die Scheibe gleich mit hinwerfen. Verärgert, enttäuscht, traurig und ein wenig frustriert verließ die 31-jährige das Commonwealth-Stadion: Franka Dietzsch hatte nicht nur ihren Titel von Sevilla an die Russin Natalja Sadowa verloren, sondern ging auch ohne die erhoffte Medaille nach Hause. Mit 65,38 Metern wurde die Olympia-Sechste 2000 und Europameisterin von 1998 Fünfte. Der WM-Verlauf hatte ihre Erwartungen zu Fall gebracht. »Ich bin schlecht in den Wettkampf gekommen und konnte nicht zeigen, was ich wirklich drauf hatte«, klagte sie über ihren schwachen Beginn mit nur 63,62 und 63,12 Metern in den zwei gültigen ihrer ersten vier Versuche. Erst nach und nach wuchs mit der Angriffslust auch die Weite. »Ich hätte noch zwei Würfe gebraucht,

aber als ich wütender wurde, war der Wettkampf schon vorbei.«
Im Grund war Franka Dietzsch das ganze Jahr über schon ziemlich spät dran: Erst im März ließ sie eine bereits Monate zurück liegende Meniskus-Blessur operieren. In der anschließenden Reha-Phase tauchten neue Probleme auf: »Als das Knie in Ordnung war, schmerzten auf einmal Schultern und Gelenke. Es war wie verhext und deprimierend.« Die Hoffnung auf eine Medaillenchance bei den Weltmeisterschaften schöpfte die Titelverteidigerin aus Neubrandenburg erst im Trainingslager in Calgary, als sie mit 65,87 Metern eine deutsche Jahresbestleistung aufgestellt hatte.
Doch auch mit dieser Marke hätte sie in Edmonton den Sprung aufs Treppchen nicht geschafft. Bronze gewann die Rumänin Nicoleta Grasu (66,24 m). An die Titelverteidigung war gar nicht zu denken. Dietzsch: »Sadowa war eine Klasse für sich.« Eine Klasse freilich, in der sich die 33-jährige Deutsche auch schon bewegt hat: Ihre persönliche Bestleistung (69,51 m) liegt immerhin noch fast einen Meter über der Siegweite von Natalja Sadowa.
Mit 68,57 Metern gewann die 29-jährige Russin nach der olympischen Silbermedaille 1996 und WM-Bronze 1997 nun ihren ersten großen Titel in Gold: »Ich wusste, dass meine Zeit irgendwann kommen würde, weil ich wirklich an mich geglaubt habe.« Deswegen sei sie innerlich auf diesen Erfolg vorbereitet gewesen. Mehr Erstaunen als Natalja Sadowa rief wieder Ellina Zwerewa hervor: Mit (gerade noch) 38 Jahren wurde die Weißrussin im Herbst 2000 in Sydney als älteste Olympiasiegerin aller Zeiten gefeiert. Danach wurde sie bei keinem Wettbewerb mehr gesehen, tauchte in Edmonton auf und gewann drei Monate vor ihrem 40. Geburtstag mit 67,10 Metern die Silbermedaille. Ihr Motivations- und Erfolgsrezept? Zwerewa: »Das ist mein Geheimnis.«
Dieses Geheimnis würde Franka Dietzsch gerne lüften: »Mich ärgert, dass Zwerewa ohne Saisonvorleistung angereist ist.« Um des Rätsels Lösung auf die Spur zu kommen, schlug sie Blutkontrollen und regelmäßige Dopingtests vor. Sie selbst werde im Schnitt einmal pro Monat kontrolliert.

Diskuswerfen Frauen

WR: Gabriele Reinsch (DDR) 76,80 m (1988)

Finale am 11. August 2001

1. Natalja Sadowa (Russland) 68,57 m
2. Ellina Zwerewa (Weißrussland) 67,10
3. Nicoleta Grasu (Rumänien) 66,24

Reifezeit: Natalja Sadowa

Natalja Sadowa (Russland), geboren am 15. Juni 1972 in Gorki. Maße: 1,80 m; 100 kg. Größte Erfolge: Olympia-Silber 1996, Olympia-Vierte 2000; WM-Dritte 1997, WM-Vierte 1999, EM-Zweite 1998.
Champion-Spruch: »Ich wusste, dass meine Zeit irgendwann kommen würde, weil ich wirklich an mich geglaubt habe.«

Verkorkstes Jahr: Franka Dietsch fehlte in einer durch Verletzungssorgen geprägten Saison einfach die Wettkampfpraxis, um im Diskus-Finale ganz vorne mitmischen zu können. Über die 65,38 Meter und Platz fünf war die Neubrandenburgerin sichtlich enttäuscht.

Favoritensturz: Yipsi Moreno

Yipsi Moreno (Kuba), geboren am 19. November 1980 in Camagüey. Maße: 1,68 m; 70 kg. Größte Erfolge: Olympia-Vierte 2000; Junioren-WM-Vierte 1998; WM-18. 1999. Champion-Spruch: »Mit diesem Sieg habe ich überhaupt nicht gerechnet.«

Frauen: Hammerwerfen

Happy Yipsi feiert Gold

Sie ist erst 20 Jahre alt und schleuderte den Hammer am weitesten. Die Kubanerin Yipsi Moreno vermasselte sämtlichen etablieren Favoritinnen den Traum vom WM-Titel mit ihrem dritten Versuch über 70,65 Meter. Darunter war die Weltjahresbeste Olga Kuzenkowa, der das Schicksal der ewigen Zweiten zu drohen scheint. Die 30-jährige Russin, die 1997 als erste Frau der Welt den Hammer über die 70 Meter-Marke warf, kam im WM-Endkampf zwar bis auf vier Zentimeter an die Siegerin heran, doch Silber bleibt Silber – wie 1998 bei den Europameisterschaften in Budapest, wie 1999 bei den Weltmeisterschaften in Sevilla, wie 2000 bei den Olympischen Spielen in Sydney. Ob es ein Trost war, dass die Olympiasiegerin Kamila Skolimowska (Polen) mit 68,05 Metern als Vierte hinter der Australierin Bronwyn Eagles ganz leer ausging?

Ihre Zeit kommt noch: Kirsten Münchow weiß, dass sie noch viele gute Jahre als Hammerwerferin vor sich hat.

Ein wenig enttäuscht verließ auch Kirsten Münchow das Stadion. Mit 64,39 Metern hatte die Olympia-Dritte von Sydney als Neunte den Medaillenendkampf der besten Acht knapp verpasst. »Natürlich bin ich nicht zufrieden«, sagte die Frankfurterin und wusste doch schon längst die Ursache der Schwäche: Fünf Wochen lang plagte sie sich mit schweren Erkältungen, schluckte Antibiotika gegen die schlimmsten Entzündungen und kam nur mühsam für die WM wieder auf die Beine. »Der Körper verkraftet so etwas halt doch nicht so einfach. Weite Würfe sind momentan einfach nicht drin.« Mit 24 Jahren hat sie noch viele Chancen auf weite Würfe und sagt: »Ich habe vor, noch länger Hammer zu werfen.«

Das Ende einer Karriere ist nun nicht immer eine Frage des Alters. Yipsi Moreno trat in die Fußstapfen der Weltrekordlerin Mihaela Melinte (26), deren Ruhm in zweifelhaftes Licht geraten ist und nun verdorrt: Die Rumänin war kurz vor den Olympischen Spielen in Mailand positiv auf die verbotene Substanz Nandrolon getestet und in Sydney vor dem Wettkampf spektakulär vom Aufwärmplatz geholt worden. Die zweijährige Sperre der IAAF läuft am 24. September 2002 ab. Doch das Nationale Olympische Komitee von Rumänien unter der Präsidentschaft des Tennis-Moguls Ion Tiriac greift bei Doping-Sündern konsequent durch: Melinte wurde – wie alle anderen positiv getesteten rumänischen Sportler – vom NOK Rumäniens lebenslang vom Start bei Olympischen Spielen ausgeschlossen.

Hammerwerfen Frauen

WR: Mihaela Melinte (Rumänien) 76,07 m (1999)

Finale am 7. August 2001

1. Yipsi Moreno (Kuba) 70,65 m
2. Olga Kuzenkowa (Russland) 70,61
3. Bronwyn Eagles (Australien) 68,87

Frauen: Speerwerfen

WM-Titel nach dem Weltrekord

Osleidys Menendez ist erst 21 Jahre alt, aber die Unbeschwertheit der Jugend war unter der Favoritenbürde schon verloren gegangen, als sie nach Edmonton anreiste. Im Juli 2001 hatte die Kubanerin in Griechenland mit 71,54 Metern einen neuen Weltrekord im Speerwerfen aufgestellt, nachdem sie in Sydney olympisches Bronze gewonnen hatte. Mit so vielen Vorschusslorbeeren umkränzt, erwarteten die Landsleute in der kubanischen Heimat natürlich Großes von ihr. Und sie dominierte den WM-Endkampf souverän: Osleidys Menendez gewann mit 69,53 Metern und hatte damit fast vier Meter Vorsprung vor der Griechin Mirela Manjani-Tzelili (65,78), der sie nach dem Weltrekord nun auch den WM-Titel abgeknöpft hat.

Die Erleichterung war trotz der Überlegenheit riesig. »Ich kann gar nicht in Worten ausdrücken, wie viel mir dieser Sieg bedeutet«, freute sich die Weltmeisterin und widmete den Erfolg so vielen anderen Leuten aus Kuba, das der Übersetzer den Namen kaum folgen konnte. Ihrem großen Vorbild ist sie jetzt schon sehr nahe gekommen: Es ist Caridad Colon, die 1980 in Moskau für Kuba olympisches Speerwurf-Gold gewonnen hat und der jungen Osleidys in den Anfängen ihrer Karriere manch' guten Tipp mit auf den Weg gegeben hatte.

An Selbstbewusstsein mangelt es Osleidys Menendez freilich nicht. »Ich glaube schon, dass ich meinen Weltrekord noch verbessern kann, nur hier bei der WM war die Anspannung dafür zu groß. Hier zählte nur der Platz, nicht die Weite.«

Die entthronte Titelverteidigerin und Olympia-Zweite Mirela Manjani-Tzelili, die 1997 aus Albanien nach Griechenland ausgewandert ist und dort den Gewichtheber Georgios Tzelili geheiratet hat, war auch mit Silber glücklich: »Obwohl ich in guter Form bin, war meine Technik heute einfach zu schlecht.« Neben ihr stand übrigens noch eine Kubanerin auf dem Medaillentreppchen: Sonja Bisset wurde mit 64,69 Metern Dritte.

Mit Rang fünf und 62,08 Metern musste die Olympia-Vierte Steffi Nerius restlos zufrieden sein. Mit so großen Plänen in die Saison gestartet, warf eine chronische Sehnenentzündung im Ellbogen des Wurfarms die 29-jährige Leverkusenerin arg zurück. Monatelang konnte sie kein Wurftraining machen. Aufgeben wollte sie nicht. Steffi Nerius: »Ich habe versucht, mit minimalem Aufwand das maximale Ergebnis zu erzielen.«

Wo bleiben die anderen? Mit einem gewaltigen Vorsprung von fast vier Metern gewinnt Osleidys Menendez Gold im Speerwurf.

Speerwerfen Frauen

WR: Osleidys Menendez (Kuba) 71,54 m (2001)

Finale am 6. August 2001

1. Osleidys Menendez (Kuba) 69,53 m
2. Mirela Manjani-Tzilili (Griechenland) 65,78
3. Sonia Bisset (Kuba) 64,69

Nur Gold im Sinn: Osleidys Menendez

Osleidys Menendez (Kuba), geboren am 14. November 1979 in Marti. Maße: 1,78 m; 80 kg. Größte Erfolge: Olympia-Dritte 2000, WM-Vierte 1999, Junioren-Weltmeisterin 1998 und 1996. Champion-Spruch: »An Weltrekord habe ich hier nicht gedacht, ich wollte nur gewinnen.«

Tragische Figur: Nach dem Hochsprung liegt die französische Siebenkämpferin Eunice Barber noch deutlich in Führung – und ruiniert sich danach mit drei ungültigen Versuchen im Kugelstoß die Chance auf den Titel.

Frauen: Siebenkampf

adidas
COLOR IMAGING EPSON
EPSON
327
EDMONTON 2001

An den Medaillen geschnuppert: Lange Zeit blieb Karin Ertl im Siebenkampf in Reichweite der Podiumsplätze – in der Endabrechnung blieb der Modellathletin mit 6283 Punkten Platz fünf.

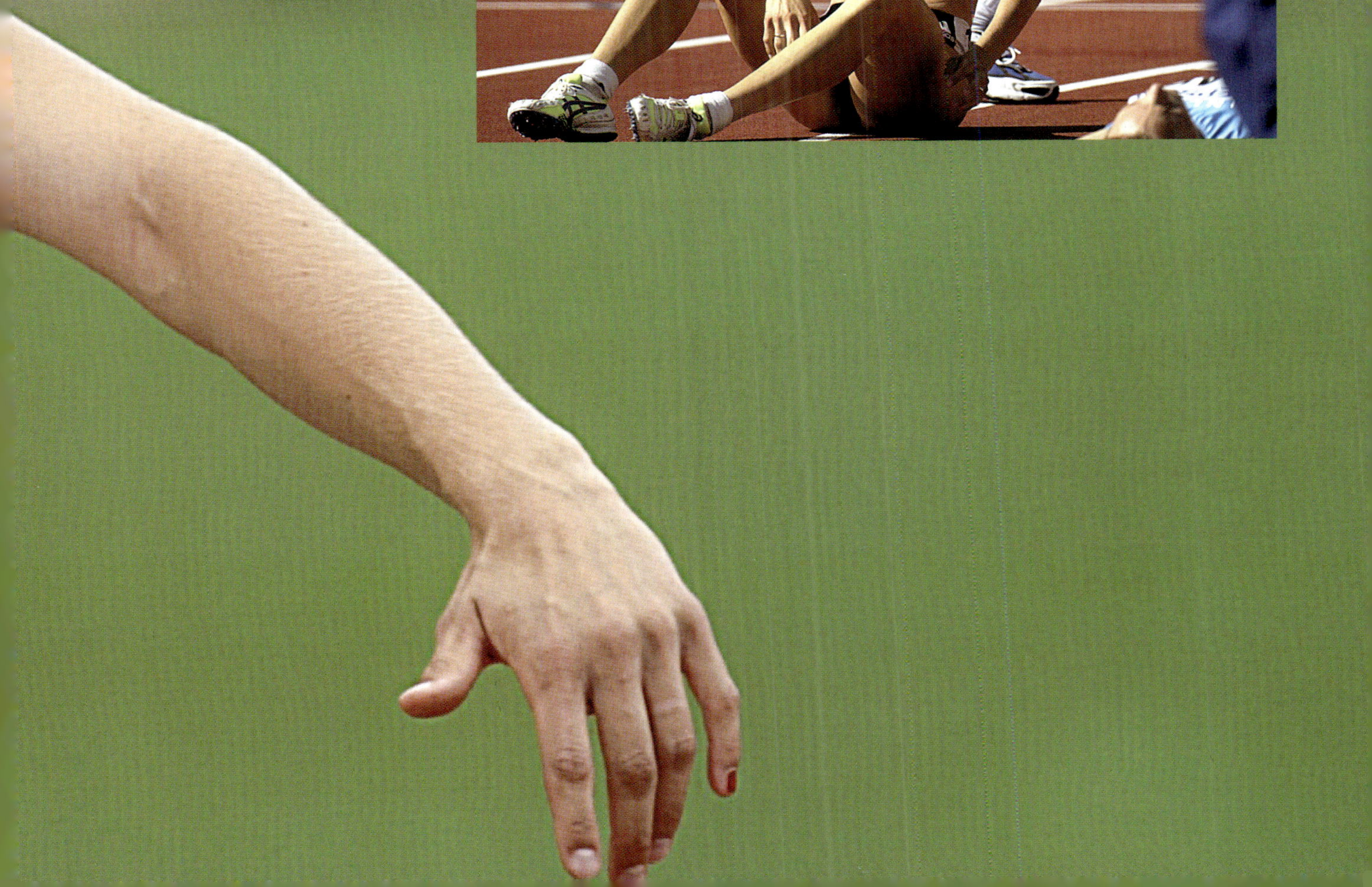

Böse Vorahnung: Bereits vor ihrem letzten – und ebenfalls ungültigen – Kugelstoß-Versuch verrät der Blick der bis dahin führenden Eunice Barber wenig Verheißungsvolles. Rechts: Endlich vorbei: Nach sieben Disziplinen und dem ungeliebten 800-Meter-Lauf lässt sich auch die neue Weltmeisterin Jelena Prochorowa erst einmal auf der Tartanbahn nieder.

Frauen: Siebenkampf

Barber: Blackout mit der Kugel

Es gibt eben auch im Sport Ereignisse, die man weder mit gesundem Menschenverstand noch mit wissenschaftlichen Untersuchungen erklären kann. Die Französin Eunice Barber (26) lag nach den ersten beiden Disziplinen – 100 Meter Hürden und Hochsprung – unangefochten in Führung. Und dann produzierte sie ausgerechnet beim Kugelstoßen drei Fehlversuche: Null Punkte für die Gold-Kandidatin. Die Titelverteidigerin heulte Rotz und Wasser, ihre prominente Betreuerin Jackie Joyner-Kersee (Olympiasiegerin 1996) wußte weder Trost noch Rat. Und Bundestrainer Klaus Baarck schüttelte fassungslos den Kopf: »So etwas habe ich noch nie erlebt.«

Das Drama um die Favoritin kann vielleicht doch nur eine Athletin nachvollziehen. Karin Ertl versuchte es damit: »Sie wollte sich nicht mit einer dürftigen Weite abgeben und hat alles auf eine Karte gesetzt.« Der Ehrgeiz als Erfolgskiller. So kann es gewesen sein.

Der Siebenkampf dieser Weltmeisterschaften stand für die Favoritinnen unter keinem guten Stern: Dem sportlichen Ausfall von Eunice Barber war schon die krankheitsbedingte Absage der Olympiasiegerin vorausgegangen. Mit großem Bedauern hatte Denise Lewis (Großbritannien) am Tag der WM-Eröffnung wegen einer schlimmen Magenverstimmung zurückgezogen. »Ich bin natürlich sehr traurig. Es ist bitter, wenn man das ganze Jahr über auf die WM hin arbeitet und dann nicht teilnehmen kann.« Die zweifache Weltmeisterin Sabine Braun kennt das Gefühl nur zu gut: Die Wattenscheiderin strich den Saisonhöhepunkt wegen eines Ermüdungsbruchs im rechten Wadenbein aus ihrem Terminkalender.

Weltmeisterin wurde die Olympia-Zweite Jelena Prochorowa (Russland) mit 6694 Punkten vor Natalja Sasanowitsch (Weißrussland) und Sheila Burrell, die mit ihrer persönlichen Bestleistung von 6472 Punkten den Vereinigten Staaten seit Jackie Joyner-Kersees Sieg 1993 in Stuttgart erstmals wieder eine Siebenkampf-Medaille bei einer WM bescherte. Während die Amerikanerin dem lieben Gott dankte und sich ausgelassen freute, relativierte Jelena Prochorowa den Wert der Goldmedaille und den Aufwand dafür. Die 23-Jährige: »Durch die Ausfälle von Denise und Eunice ist alles viel einfacher

Siebenkampf Frauen

WR: Jackie Joyner-Kersee (USA) 7291 Punkte (1988)

Finale am 5. August 2001

1. Jelena Prochorowa (Russland) 6694 Punkte (100 m Hürden: 13,77 Sek. – Hoch: 1,88 m – Kugel: 13,15 m – 200 m: 23,73 Sek. – Weit: 6,61 m – Speer: 50,73 m – 800 m: 2:11,53 Min.)
2. Natalja Sasanowitsch (Weißrussland) 6539 Punkte (13,29 – 1,76 – 15,90 – 23,87 – 6,50 – 46,72 – 2:20,87)
3. Sheila Burrell (USA) 6472 Punkte (13,05 – 1,67 – 12,87 – 22,92 – 6,45 – 48,74 – 2:14,24)

geworden. Ich musste für diesen Sieg keine 150 Prozent geben.«
Auch Natalja Sasanowitsch strahlte nicht so viel Glück aus wie die Bronzemedaillengewinnerin. Die Weißrussin hätte gerne mehr als 6539 Punkte erzielt: »Ich hatte Probleme mit meinem Knöchel. Aber irgendwelche Wehwehchen hat man beim Siebenkampf doch immer.«
Davor blieb auch die fünftplazierte Karin Ertl (6283 Punkte) nicht verschont: Die 27-jährige Krankengymnastin plagte eine Verletzung im Sitzbein. Sie fühlte sich zwar »schon extrem eingeschränkt«, nahm die Blessur aber nicht als Entschuldigung für ihre schwächeren Momente beim Kugelstoßen, über 200 Meter (24,91 Sekunden: »Ich habe mich viel schneller gefühlt, ich weiß nicht, was da los war«) und im Weitsprung. Glücklich über ihre persönliche Bestleistung im Speerwerfen (45,89 m), zufrieden mit der Zeit über die Hürden (13,56) und der Höhe beim Hochsprung (1,82 m), war sie nach den ungeliebten 800 Metern zum Schluss guter Dinge mit ihrem fünften Rang, obwohl sie nach dem ersten Tag noch auf Tuchfühlung mit den Medaillenrängen gewesen war.
Karin Ertl freute sich über ihre beste Platzierung bei einem internationalen Meisterschafts-Großereignis und trauerte dem entgangenen Platz auf dem Podium nicht nach. »Wenn alles normal gelaufen wäre, hätte ich sowieso keine Chance auf eine Medaille gehabt.« Die Bayerin lutschte genussvoll ihr Eis nach drei Wochen Süßigkeiten-Abstinenz vor der WM und freute sich auf eine Woche Ranch-Ferien in Kanada.

Hundertprozentig Gold: Jelena Prochorowa
Jelena Prochorowa (Russland), geboren am 16. April 1978 in Kemerowo.
Maße: 1,71 m; 59 kg. Größte Erfolge: Olympia-Zweite 2000.
Champion-Spruch: »Für diesen Sieg musste ich keine 150 Prozent geben.«

TDK
470
EDMONTON 2001
JAMAICA
TDK
613
EDMONTON 2001

Männer: Kurzstrecken Staffeln

Die Meter der Schmerzen: Auf der Zielgeraden des 400-Meter-Finals werden alle Muskeln hart, aber Ingo Schultz (links) zieht durch und sichert dem DLV eine völlig überraschende Silbermedaille hinter Avard Moncur (Bahamas, rechts) und vor Gregory Haughton (Jamaika, Mitte).

FINAL
MEN
TDK
116
USA
3

Die schnellsten Männer der Welt: In 9,82 Sekunden gewinnt der Titelverteidiger Maurice Greene (USA; großes Bild) das 100-Meter-Finale knapp vor seinem Landsmann Tim Montgomery (9,85). Der 33-jährige Ex-Weltrekordhalter Donovan Bailey (oben) verabschiedete sich vor heimischer Kulisse bereits im Halbfinale.

Männer: 100 Meter

Drei WM-Titel: Greene auf den Spuren von Lewis

Die berühmten Jubeltänze fielen aus, aber die Hauptrolle in der großen Show des Sprints spielte dennoch der Weltrekordler. Sie sah nur diesmal anders aus: Kaum im Ziel, humpelte Maurice Greene mit schmerzverzerrtem Gesicht über die Bahn, auf der er seinen dritten Weltmeistertitel nach 1997 und 1999 über 100 Meter in erstklassigen 9,82 Sekunden gewonnen hatte. Sein linkes Knie wurde von einem Tape-Verband gestützt, der lädierte Meniskus tat höllisch weh und im Oberschenkel zwickte es auch. Greene auf der Flucht – vor der Pein und den Konkurrenten. »Das Wichtigste ist, dass ich das Rennen durchgestanden habe. Ich wollte nur, dass mein Körper zu schmerzen aufhört.«

Auf die Ehrenrunde machte sich der erfolgreichste Sprinter der letzten Jahre eher bedächtig – aber nach und nach verdrängte die Freude offenbar doch die körperlichen Leiden. Und noch ein wenig danach kehrte die Wortgewalt des 27-jährigen Superstars zurück. Erfolge, vor allem, wenn sie nicht geschenkt, sondern hart erkämpft sind, machen redselig. Im Überschwang erklärte er den Endlauf »zum schnellsten 100-Meter-Finale aller Zeiten«. Hier allerdings irrte er: Erstens war er bei seinem eigenen WM-Triumph 1999 mit 9,80 Sekunden schneller als in Edmonton. Zweitens gab es 1991 in Tokio einen Endlauf, in dem hinter dem mit Weltrekord (9,86) gewinnenden Carl Lewis noch fünf weitere Athleten unter zehn Sekunden liefen.

Aber die Statistiker haben dennoch die helle Freude an dem Endlauf von Edmonton. Denn in der Tat gehörte dieser zu einem der schnellsten 100-Meter-Rennen der Geschichte: Mit Greene, Tim Montgomery, Bernard Williams (alle USA), Ato Boldon (Trinidad) und Dwain Chambers (Großbritannien) blieben insgesamt fünf schnelle Männer unter der magischen Zehn-Sekunden-Marke. Drei Amerikaner feierten also gemeinsam auf dem Medaillentreppchen. Und der Größte unter ihnen verdiente den Respekt der Mitläufer. »Maurice ist ein großer Champion«, betonte Montgomery voller Anerkennung und wertete damit seine eigene Vorstellung auch noch ein bisschen auf. Der 26-jährige WM-Dritte von 1997 war Greene auf den letzten Metern bedrohlich näher gekommen und hatte – im Rückblick betrachtet – das Gold am Anfang des Rennens verloren. »Wenn man Maurice Greene schlagen will, muss man das am Start tun.«

Leider leistete er sich dabei einen Fehlstart – und die Angst vor einem zweiten, der die

Gehört bereits zu den ganz Großen: Maurice Greene reiht sich mit seinem dritten Weltmeistertitel in die Riege der bedeutendsten Leichtathleten ein.

100 m Männer

WR: Maurice Greene (USA) 9,79 Sek. (1999)

Finale am 5. August 2001

1. Maurice Greene (USA) 9,82 Sek.
2. Tim Montgomery (USA) 9,85
3. Bernard Williams (USA) 9,94

Disqualifikation bedeutet hätte, hemmte den größten Herausforderer des Titelverteidigers dann doch zu sehr, um alle Energie in die Explosion aus dem Startblock zu investieren. Auf Montgomery waren die Augen der Zuschauer gerichtet, weil er als Weltjahresbester zur WM angereist war. Er hatte die 9,84 Sekunden übrigens in Oslo in geliehenen Schuhen seiner Trainingspartnerin Marion Jones vorgelegt, weil sein Gepäck nicht rechtzeitig eingetroffen war. »Vielleicht«, überlegte er, »hätte ich mir wieder Schuhe von Marion leihen sollen.«

Statt in geliehenen Schuhen, eilte Maurice Greene auf silbernen Sohlen in den Fußstapfen seines großen Vorbilds, das er so gerne überholen würde. Wie die Sprinterlegende Carl Lewis hat auch Greene jetzt in drei aufeinander folgenden 100-Meter-Finals den Weltmeistertitel gewonnen. Den Weltrekord (9,79 Sekunden) hält er – und Doppel-Olympiasieger ist er auch. Nur in der Gesamtbilanz ist er noch nicht auf Augenhöhe: Lewis blickt auf neun Olympiasiege und acht Weltmeistertitel zurück und hatte den Vorteil, auch noch im Weitsprung Edelmetall zu sammeln.

Aber Greene verliert sein Ziel nicht aus den Augen: »Natürlich möchte ich als der beste Sprinter aller Zeiten in die Geschichte eingehen. Das bin ich noch nicht. Aber vielleicht wird mein Name von jetzt an schon im gleichen Atemzug mit Carl Lewis genannt.«

Für Bernard Williams ist er schon der Größte. Greenes Trainingspartner: »Ich war in einem anderen Rennen. Nach 85 Metern konnte ich mit den beiden vorne nicht mehr mithalten.« In 9,94 Sekunden hat er damit immerhin Bronze gewonnen.

Während sich Maurice Greene übri-

Treffen der Generationen: In der zweiten Runde trafen die schnellen Jungs der Gegenwart (von rechts: Maurice Greene, Ato Boldon) auf den schnellsten Mann der Vergangenheit (Donovan Bailey, links).

gens diesmal vor allem vor, aber auch nach dem Endlauf erheblich bescheidener und leiser zu Wert gemeldet hat als in den vergangenen Jahren, war es diesmal Tim Montgomery, der die großen Worte sprach, allerdings ohne die ganz großen Taten folgen lassen zu können. »Ich hatte die 9,75 Sekunden im Gefühl«, erzählte er prosaisch davon, dass er eigentlich Greenes Weltrekord brechen wollte.

Die Wandlung von Tim Montgomery vom ewigen Talent, den diverse Umstände und Missgeschicke immer wieder aus der Bahn geworfen haben, zum konsequent und zielstrebig arbeitenden Athleten, ist übrigens Marion Jones zu verdanken. Und zwar nicht, weil sie ihm gelegentlich die Schuhe leiht. Montgomery: »Als ich Marion beobachtet habe, wurde mir der Unterschied klar: Sie arbeitete jeden Tag, bei jedem Wetter, so hart, als wäre sie noch ganz unten. Ich dagegen war ganz unten und lebte wie ein Rockstar.«

Geläutert ging Montgomery von da an ins Training – und seit Edmonton geht er gewiss nicht mehr chancenlos zum Angriff auf Greene über, der den 200-Meter-Lauf und die Staffel wegen seiner Verletzung absagen musste.

Baileys sagte bye-bye

Es kommt selten vor, dass Maurice Greene einem Konkurrenten den Vortritt auf der Sport- oder der Showbühne lässt. Aber nach dem 100-Meter-Halbfinale in Edmonton hielt er sich bescheiden im Hintergrund, um den Applaus und die Aufmerksamkeit ganz allein Donovan Bailey zu überlassen. Greene: »Ich habe großen Respekt vor ihm. Er hat so viel für diesen Sport getan.«

Mit einem sechsten Platz verabschiedete sich der 33-jährige Kanadier vor heimischer Kulisse in 10,33 Sekunden von seinen Landsleuten und der ganzen Welt der Leichtathletik. Ein schwerer Knorpelschaden beendete die Karriere des ehemaligen Weltmeisters (1995) und Olympiasiegers (1996), der in Atlanta in 9,84 Sekunden Carl Lewis als Weltrekordler abgelöst hatte. Die Ärzte hatten ihm dringend von einem Start in Edmonton abgeraten, aber diesen Auftritt zum Abschied wollte sich Donovan Bailey nicht nehmen lassen.

Mit stehenden Ovationen feierten ihn seine Landsleute – und Bailey trat restlos zufrieden ab: »Ich gehe mit einem Lächeln. Ich hatte eine außergewöhnliche Karriere – und der Moment des Abschieds kommt zur rechten Zeit.«

Nicht am Ende, sondern am Anfang seiner Karriere musste der Kölner Tim Goebel in Edmonton auch vorzeitig Abschied von der WM nehmen. In 10,31 Sekunden schied der 21-jährige Deutsche Meister als Letzter seines Zwischenlaufs aus. »Das war heute nicht mein Tag«, meinte Goebel – doch die sportliche Leistung musste den Erlebniswert nicht trüben. »Ich habe mich nicht blamiert. Und die WM war ein großes Ding für mich.«

Zielvorstellungen: Maurice Greene

Maurice Greene (USA), geboren am 23. Juli 1974 in Kansas City. Maße: 1,76 m; 75 kg. Größte Erfolge: Olympiasieger (100 m und 4 x 100 m) 2000; Weltmeister 1997 (100 m) und 1999 (100 m, 200 m und 4 x 100 m). Champion-Spruch: »Natürlich will ich als bester Sprinter der Welt in die Geschichte eingehen. Das bin ich noch nicht.«

Männer: 200 Meter

Kederis heißt der Kapitän

Die großen griechischen Reeder heißen anders – aber Konstadinos Kederis blieb auch in Edmonton der Kapitän der 200-Meter-Strecke. Nach seinem überraschenden Olympiasieg in Sydney wurde in seiner Heimat die Fähre, die die Insel Lesbos mit dem Festland verbindet, nach ihm benannt. Mit dem ersten Titelgewinn bei einer Weltmeisterschaft strafte der 28-jährige Luftwaffen-Offizier alle Zweifler Lügen und genoss das in vollen Zügen. Kederis: »Jetzt habe ich allen bewiesen, dass ich nicht nur eine Sternschnuppe war.«
Wie in Sydney zündete Kederis nach den ersten hundert Metern unaufhaltsam den Turbo seiner kraftvollen Muskelmotorik. In 20,04 Sekunden deklassierte er den Rest der Endlauf-Besetzung, in der allerdings Titelverteidiger Maurice Greene (USA) und der Weltmeister von 1997, Ato Boldon (Trinidad) verletzt fehlten.
Es nahm dem Sieger den Glanz nicht. Eine Zielfoto-Auswertung sortierte die restlichen Medaillengewinner: Zeitgleich in 20,20 Sekunden angekommen, erhielt der Jamaikaner Christopher Williams Silber, während Shawn Crawford (USA) und Kim Collins (St. Kitts & Nevis) beide nur für Bronze gut genug befunden wurden.
Im Unterschied zu den meisten anderen Medaillengewinnern wollte der Weltmeister auf die Chance verzichten, die WM-Goldmedaille als Star der großen internationalen Meetings zu versilbern. »Ich werde jetzt ausspannen, weil ich die letzten Monate sehr hart für diesen Erfolg gearbeitet habe.« Kederis macht sich gerne rar auf den Laufbahnen der Sportfeste und lässt sich lieber für die Erfolge in großen Meisterschaften feiern. »Ich bin sehr glücklich, weil in Griechenland mein Sieg vielen Freunden Freude macht.«
Als er voriges Jahr in Sydney wie Phoenix aus der Asche stieg, verblüffte er nicht nur den Weltrekordler Michael Johnson, der sagte: »Ich habe noch nie von ihm gehört.« Jetzt kennen ihn alle – und die Richtung steht fest: Olympische Spiele 2004 in Athen – mit Heimvorteil und Heldentum. Die Lorbeerkränze werden in seiner Heimat schon geflochten.

200 m Männer

WR: Michael Johnson (USA) 19,32 Sek. (1996)

Finale am 9. August 2001

1. Konstadinos Kederis (Griechenland) 20,04 Sek.
2. Christopher Williams (Jamaika) 20,20
3. Shawn Crawford (USA) 20,20 und Kim Collins (St. Kitts & Nevis) 20,20

Unglaublich: Konstadinos Kederis

Konstadinos Kederis (Griechenland), geboren am 11. Juni 1973 in Mitilini. Maße: 1,80 m; 78 kg. Größte Erfolge: Olympiasieger 2000. Champion-Spruch: »Ich bin dieses Jahr wieder der Schnellste, obwohl das einige Leute nicht glaubten.«

Freut sich auf Athen 2004: Mit seinem Sieg über 200 Meter warb der Olympiasieger Konstadinos Kederis für sich und natürlich für die kommenden Olympischen Spiele in seiner Heimat.

Männer: 400 Meter

Gestatten, mein Name ist Schultz: Premierenfeier eines Chorknaben

Es gibt nicht den geringsten Grund dafür, dass ein ehemaliger Chorknabe mit Muse für das Geigen- und Schachspiel nicht auch auf schnellen Beinen unterwegs sein soll. Erstaunlich ist nur, dass Ingo Schultz bei seinem Lauf zum Silber über 400 Meter auf der Bahn nicht aus Versehen in verkehrter Richtung ins Ziel gerannt ist. Das hätte jedenfalls bestens zur verdrehten sportlichen Laufbahn des 25 Jahre alten Hanseaten gepasst, der bei den Weltmeisterschaften in Edmonton nach 44,87 Sekunden hinter dem neuen Weltmeister Avard Moncur (44,64/Bahamas) und vor Gregory Haugthon (44,98/Jamaika) auf dem Medaillentreppchen seinen vorläufigen Höhepunkt erlebte.

Als der Sieger Avard Moncur bei der internationalen Pressekonferenz der Medaillengewinner gefragt wurde, wann er den Namen Schultz erstmals gehört habe, drehte sich der 22-jährige zur Seite, schaute den Nebensitzer von oben bis unten an und sagte dann schmunzelnd: »Gestern.«

Abgesehen davon, dass Moncur als Nachfolger des viermaligen 400-Meter-Weltmeisters und abgetretenen Superstars Michael Johnson selbst auch noch mächtig an der Popularisierung seines Namens arbeiten muss, war Ingo Schultz ganz sicher eine der überraschendsten Entdeckungen dieser Titelkämpfe. Wie schön, dass er über die Medaille und eine traumhaft schnelle Zeit hinaus auch noch eine Biographie mitbringt, die Romanstoff birgt.

Gestatten: Ingo Schultz, geboren in Lingen/Ems, Wohnsitz in Hamburg, aktiv als Läufer für die LG Olympia Dortmund; Offiziersanwärter im Rang eines Oberleutnant bei der Bundeswehr und bis 2008 verpflichtet; von Beruf seit April 2001 Diplom-Ingenieur mit Examens-Note 1,3 auf dem Fachgebiet der Speichertechnik – und Doktorand mit einem Dissertationsthema, das er für die Promotion erst noch erarbeiten muss: Organische Transistoren auf polymerischer Basis. »Was das genau ist«, sagte Schultz, »weiß ich auch noch nicht. Bis jetzt bin ich noch nicht dazu gekommen, mich einzulesen.«

Ein Glück, dass seine Leistungen auf der Laufbahn einfacher zu deuten sind. Der Aufstieg vollzog sich in Riesenschritten binnen weniger Tage: Mit 45,11 Sekunden hat Ingo Schultz seine persönliche Bestzeit im Vorlauf des WM-Spektakels um 16 Hundertstelsekunden gesteigert. Mit 44,66 Sekunden

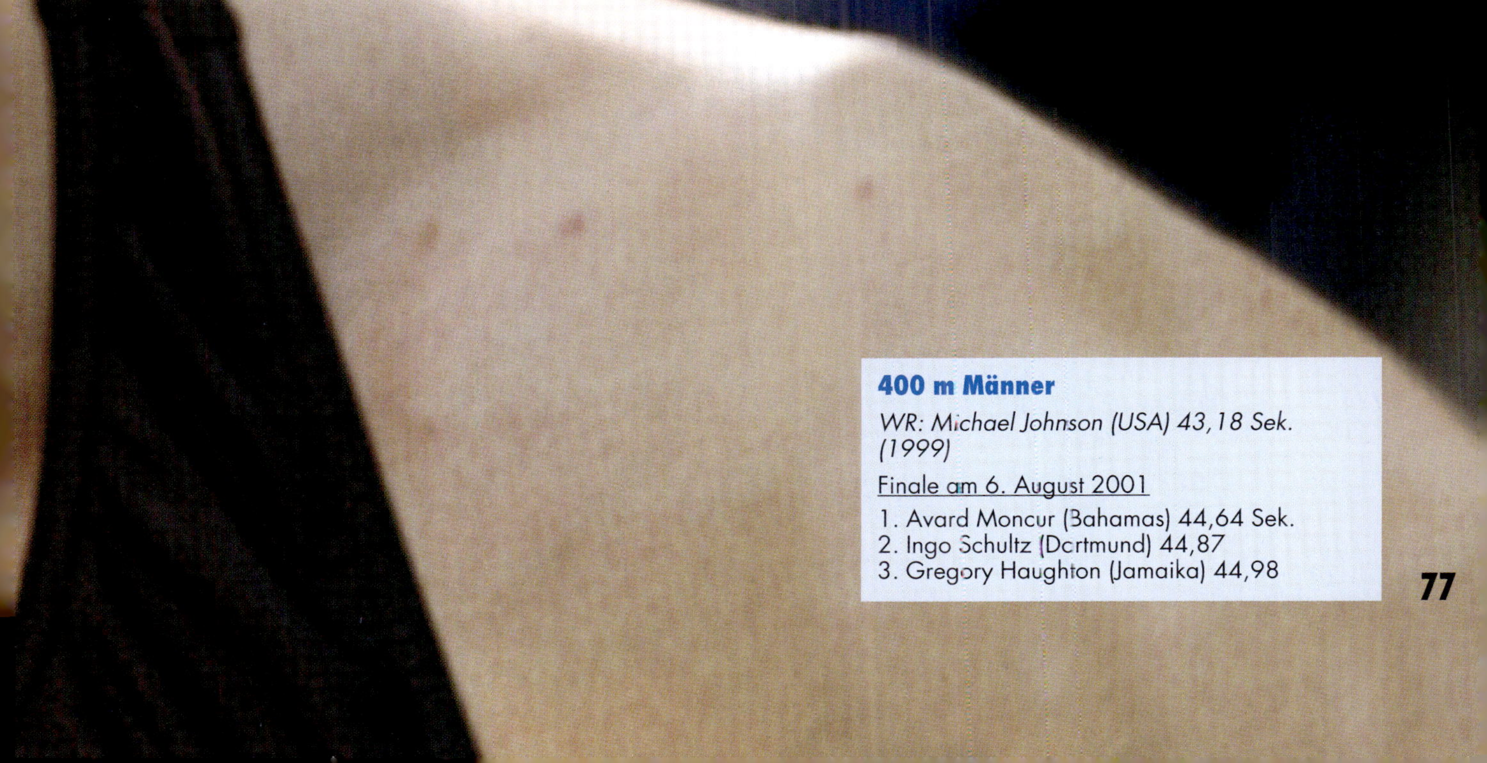

Ungläubig und überglücklich: Der 25-jährige Ingo Schultz katapultiert sich in die Weltspitze der 400-Meter-Läufer, gewinnt die Silbermedaille und schafft damit aus Sicht des DLV-Teams die Sensation der Weltmeisterschaft in Edmonton.

400 m Männer

WR: Michael Johnson (USA) 43,18 Sek. (1999)

Finale am 6. August 2001

1. Avard Moncur (Bahamas) 44,64 Sek.
2. Ingo Schultz (Dortmund) 44,87
3. Gregory Haughton (Jamaika) 44,98

Große Fußstapfen: In 44,64 Sekunden gewinnt Avard Moncur Gold über 400 Meter und löst damit den großen Mann über die Stadionrunde, Michael Johnson, als Weltmeister ab.

katapultierte er sich im Halbfinale an die dritte Stelle der ewigen Bestenliste der lange zurückliegenden, aber ruhmreichen deutschen 400-Meter-Vergangenheit hinter dem amtierenden Europarekordler Thomas Schönlebe (44,33 Sekunden beim WM-Titelgewinn 1987 in Rom) und Erwin Skamrahl (44,50). Mit 44,87 Sekunden gewann er schließlich im Endlauf die Silbermedaille.
»Unglaublich«, staunten die Zuschauer. »Unglaublich«, freuten sich die Eltern Anna und Gerhard Schultz daheim vor dem Fernseher mit Freunden. »Unglaublich«, wunderten sich die Konkurrenten. »Unglaublich«, jubelten die Athleten und Funktionäre des DLV-Teams. Und Ingo Schultz sagte es noch öfter als alle anderen: »Unglaublich. Ich warte immer darauf, bis ich aus einem Traum erwache.«

Erste Stadionrunde im Mai 1998

Wunder sind halt unglaublich. Die Folge: Erklärungen für seinen atemberaubenden Aufstieg in die Weltklasse der 400-Meter-Läufer hören sich teilweise so hilflos an wie der Versuch eines Lotto-Hauptgewinners, den Zahlentipp für den Volltreffer hinterher mathematisch zu analysieren. Sein Trainer Jürgen Krempin, als Lehrbeauftrager für Sport an der Bundeswehruniversität in Hamburg ein Fachmann, sagt: »Ingo läuft so schnell, wie man mit seinem Laufstil eigentlich gar nicht laufen kann.«

Johnsons Erbe: Avard Moncur

Avard Moncur (Bahamas), geboren am 2. November 1978. Maße: 1,96 m; 82 kg. Größte Erfolge: Olympia-Halbfinale 2000. Champion-Spruch: »Es ist eine große Herausforderung, in die riesigen Fußstapfen von Michael Johnson zu treten. Ich liebe Herausforderungen.«

Wunder sind so herrlich, weil sich die atypische Entwicklung von Ingo Schultz zum Leistungssportler in amüsanten Anekdoten schildern lässt. Sport? Ja, Schulsport. »Und Schach«, sagt er lachend. Aber der Junge interessierte sich mehr für Musik. An der Uni schloss er sich zwangsläufig der Leichtathletik-Abteilung an, weil zwei Stunden Sport wöchentlich zum Pflichtprogramm der Offiziersanwärter an der Bundeswehruniversität gehören an. Krempin: »Da gab es Platz, weil die Leichtathletik ja leider keine so populäre Sportart mehr ist.« Aus Spaß und weil er die Atmosphäre so toll fand, übte der 2,01 Meter lange Riese den Ausdauer-Lauf, um 1997 den Hamburg-Marathon mitlaufen zu können. Gesagt, getan. An der Uni trainerte er Kugelstoßen – bis Krempin das schlummernde Talent seines Studenten für die etwas kürzeren Tempoläufe entdeckte und ihn überredete, in seinen Heimatverein TSG Bergedorf einzutreten. Im Mai 1998 absolvierte Schultz seine allererste Stadionrunde in rund 52 Sekunden.
Der Rest passt auf wenige Blätter eines Kalendariums. Nach einer raschen Steigerung und ersten kleinen Erfolgen im Verein beschloss das Trainer-Athleten-Duo im Herbst 1998, sich dem Rennen auf zwei Beinen leistungsorientierter zu widmen. Bei den Deutschen Meisterschaften 1999 wurde Schultz Vierter. Eine Nominierung für die Weltmeisterschaften in Sevilla war nicht möglich, weil er keinem offiziellen Kader angehörte und damit auch nicht in das vorgeschriebene Dopingkontrollsystem eingebunden war.

Scharping erteilt Starterlaubnis

Außerdem: Während andere Leistungssportler die Sportförderkompanien gewöhnlich als optimales Förderkonzept nutzen, wäre Schultz um ein Haar als Läufer über die Dienstvorschriften der Offizierslaufbahn gestolpert, die zwar Bewegung als pädagogisch wertvollen Part der Ausbildung, aber nicht als zeitaufwendiges Hauptfach Hochleistungssport vorsieht. Der Fall musste auf höchster politischer Ebene geklärt werden: Dank der direkten Vorsprache der DLV-Vizepräsidentin und sportpolitischen Sprecherin der SPD-Bundestragsfraktion, Dagmar Freitag, bei Bundesverteidigungsminister Rudolf Scharping erhielt Schultz schließlich doch die Starterlaubnis und die Zeit für das nötige Trainingspensum für seine Athletenkarriere.
Wunder sind freilich heutzutage auch ver-

dächtig. Leistungssprünge wie die des Ingo Schultz werden in Leichtathletik-Kreisen kritisch unter dem Doping-Aspekt unter die Lupe genommen. Umso größer war die Aufregung in Edmonton, als sich nach dem Medaillengewinn des Himmelsstürmers herausstellte, dass er nur eine unangemeldete Trainingskontrolle vorweisen konnte. Um die verdiente Medaillenprämie in Höhe von 30 000 Dollar ausbezahlt zu bekommen, verlangt der Internationale Leichtathletik-Verband (IAAF) mindestens zwei Kontrollen außerhalb regulärer Wettkampf-Kontrollen. Das Problem: Schultz wurde als B-Kader-Mitglied unschuldig zu einem Opfer der Lücken im deutschen Kontrollsystem. Während A-Kader-Athleten alle ein bis zwei Monate kontrolliert werden, kommt das bei allen anderen in der Regel ein bis zwei Mal im Jahr vor.

»Ich bin sauber«, sagte Ingo Schultz, »aber ich kann die Kontrolleure ja nicht einbestellen.« Die IAAF gab die Prämie schließlich frei: Die Regel verlangt die zwei Kontrollen nämlich nur von den besten 20 Athleten der Weltrangliste. Und zu denen gehörte Schultz vor Edmonton noch nicht.

Seit Edmonton gehört er freilich zu denen, die man nicht so schnell vergisst. Das liegt nicht nur an seiner Biographie, sondern auch an seiner Art zu Laufen. Furchtlos, ohne Angst vor den Schmerzen, die ein 400-Meter-Sprint auslöst, stürmte er mit mächtigen Schritten und unbändigem Willen dem Ziel zu. »No brain, no pain«, lautet sein Motto – frei übersetzt: »Mach' Dir keinen Kopf und lauf einfach drauflos«.

Ein Wunder ist, dass das bei einem Menschen, der den Kopf gewöhnlich zum Denken einsetzt, so gut funktioniert. Eines ist allerdings kein Wunder: So lange die Kometen aufsteigen, sind sie frei von Erwartungen und lassen sich von Träumen ziehen. »Druck hatte ich keinen«, sagte Schultz, »ich hatte doch nichts zu verlieren.«

Urlaub statt Sportfeste

Das ist seit Edmonton anders. Aber der Vize-Weltmeister änderte seine Pläne nicht, obwohl die Sportfest-Veranstalter den Medaillenmann mit lukrativen Prämien lockten. Statt ihrem Ruf des Geldes zu folgen, fuhr er wie gebucht mit Freunden in die Ferien nach New England (USA). Er will Wertvorstellungen beibehalten und trotzdem vorwärts kommen: »Ich will nicht auf jeden Zug springen. Das Geld ist mir nicht so wichtig, es war bisher ein Nebeneffekt und das wollen wir auch so beibehalten.«

Als Geigenspieler hat Ingo Schultz das Gefühl für den richtigen Takt gelernt. Als Athlet wird er nun die Erfahrung machen, dass im Konzert der Großen des Sports viele Dirigenten den Rhythmus bestimmen. Und, dass es Wunder nicht gibt. Die Premierenfeier in Edmonton soll trotzdem erst der Anfang gewesen sein.

Silberjunge: Nach einigen Wirrnissen auf höchster sportpolitischer Ebene konnte Ingo Schultz neben der Silbermedaille auch die vom Leichtathletik-Weltverband ausgelobte Prämie in Höhe von 30 000 Dollar in Empfang nehmen.

der Gastgeber mehr vertreten. Das Aus kam auf Platz sechs im Halbfinale. Zum siebten Mal gewannen schließlich die Amerikaner Gold – und mussten sich in 37,96 Sekunden noch nicht einmal besonders anstrengen, um Südafrika (38,47) sowie Trinidad und Tobago (38,58) auf die anderen Medaillenplätze zu verweisen.

Die deutsche Männer-Staffel wurde im Vorlauf wegen Übertretens der Wechselmarke disqualifiziert. Die Erklärung von Schlussläufer Tim Goebel, der den Stab von Alexander Kosenkow erst außerhalb der vorgeschriebenen Zone übernommen hatte: »Wir mussten volles Risiko gehen, um eine Runde weiter zu kommen.«

Cool running: Für Trinidad & Tobago wechselt in der 4x100-Meter-Staffel Marc Burns gekonnt auf Ato Boldon (oben) – am Ende hatten aber wieder einmal die US-Boys die Nase vorn (Mitte).

Männer: 4 x 100 Meter Männer

USA – wer sonst?

Zweimal schon verdarben kanadische Sprinter der USA-Staffel bei Weltmeisterschaften die Freude am Mannschafts-Gold über 4 x 100 Meter. Ausgerechnet bei den Titelkämpfen in der Heimat der Champions von 1995 und 1997 war anno 2001 im Endlauf der Sprintstaffel gar kein Quartett

4 x 100 m Männer

WR: USA 37,40 Sek. (1993)

Finale am 12. August 2001

1. USA 37,96 Sek.
(Mickey Grimes, Bernard Williams, Dennis Mitchell, Tim Montgomery)
2. Südafrika 38,47
(Morne Nagel, Corne Du Plessis, Lee-Roy Newton, Adam Basil)
3. Trinidad & Tobago 38,58
(Marc Burns, Ato Boldon, Jaycey Harper, Darrel Brown)

Männer: 4 x 400 Meter

Teamgeist schafft Ziele

Als »Vorläufer« der neuen 400-Meter-Generation im Deutschen Leichtathletik-Verband machte der neue Vize-Weltmeister Ingo Schultz am Schlusstag der WM noch eine alternative Erfahrung: Er lief hinterher. Als Schlussmann übernahm der Dortmunder im Finale der 4 x 400-Meter-Staffel den Stab vom Deutschen Meister Lars Figura und trug ihn abgeschlagen als Letzter ins Ziel. Trotz einer erneut pfeilschnellen Runde konnte er die Lücke zu den Spaniern davor nicht mehr schließen. Das deutsche Quartett belegte mit Marc Alexander Scheer, Ruwen Faller, Figura und Schultz in 3:03,52 Minuten Rang acht. Aber der neue Teamgeist schuf sofort gemeinsame Ziele für die Zukunft. »Wir waren im Finale – und das hatte uns keiner zugetraut«, rückte Lars Figura zunächst das gar nicht enttäuschende Ergebnis in die richtige Relation zur Ausgangslage. Und Ingo Schultz sprach für alle: »Wir sind erst zwei Mal in dieser Formation gelaufen und sind jetzt schon ein eingeschworenes Team. Das wird auch so bleiben.«

Den Weltmeistertitel holte – vor den Teams der Bahamas und Jamaikas – zum fünften Mal in Folge die Staffel der USA in 2:57,54 Minuten – diesmal in der Besetzung Leonard Byrd, Antonio Pettigrew, Derrick Brew und Hürden-Olympiasieger Angelo Taylor als Schlussmann.

Immerhin im Finale: Mehr als Platz acht kam im Endlauf für die deutsche 4x400-Meter-Staffel (Ingo Schultz übergibt an Ruwen Faller) nicht heraus, der gute Teamgeist allerdings lässt für die Zukunft hoffen.

4 x 400 m Männer

WR: USA 2:54,20 Min. (1998)

Finale am 12. August 2001

1. USA 2:57,54 Min.
   (Leonard Byrd, Antonio Pettigrew, Derrick Brew, Angelo Taylor)
2. Bahamas 2:58,19
   (Avard Moncur, Christopher Brown, Troy McIntosh, Timothy Munnings)
3. Jamaika 2:2:58,39
   (Brandon Simpson, Christopher Williams, Gregory Haughton, Danny McFarlane)

Wie ein Schweizer Uhrwerk: Andre Bucher legte im Finale über 800 Meter vom Start weg ein so hohes Tempo vor, dass ihn auf der Zielgeraden niemand mehr gefährden konnte – nicht einmal der sprintstarke Olympiasieger Nils Schumann (im Hintergund).

Männer: Mittelstrecken Langstrecken

Liebesbrief in die Heimat: Auf ungewöhnliche Weise bedankt sich der alte und neue Weltmeister über 1500 Meter, Hicham El Guerrouj (Marokko), nach seinem siegreichen Rennen bei seinen Freunden, seiner Familie und seinem Trainer, indem er mit dem Finger ein paar nette Zeilen auf die Tartanbahn schreibt.

Männer: 800 Meter

André Bucher: Stiller Star mit schnellem Schritt

Rechte Seite: Will oben bleiben: Andre Bucher kann seine bestechende Form bis ins Finale über 800 Meter konservieren und gewinnt in 1:43,70 Minuten die einzige aber goldene Medaille für die Schweiz.

In der Schweiz polierten die Fans die Kuhglocken und die Alphornbläser stimmten ihre Instrumente für den Empfang. Das Schweizer Fernsehen notierte Rekord-Einschaltquoten mitten in der Nacht. Die Mitglieder seines Heimatvereins in Beromünster organisierten Gruppenreisen zum Flughafen nach Zürich. Und im Hotel in Edmonton erlebte André Bucher die Aufdringlichkeit des Ruhms, als er mitten in der Nacht von einem Journalisten aus der Heimat aus dem Bett geklingelt wurde. Geärgert hat ihn das, weil dadurch sein Zimmerkollege Christian Belz vor seinem 3000-Meter-Hindernislauf gestört wurde. »Für mich«, sagte er, »war das Schlafen nachher kein Problem«.

Den schönsten Traum hatte er hellwach durchlebt: In schnellen 1:43,70 Minuten gewann der Weltjahresbeste und haushohe Favorit den Weltmeistertitel über 800 Meter vor dem Kenianer Wilfred Bungei (1:44,55) und dem Polen Pawel Czapiewski (1:44,63).

Es gibt umstrittene Sieger, unsympathische Sieger, polarisierende Sieger. André Bucher aber war in Edmonton ein Sieger, dem der Respekt und die Sympathien uneingeschränkt von allen Seiten zuflogen. Alle gönnten dem 24-jährigen aus dem Luzerner Kanton den furiosen Erfolg über 800 Meter, mit dem er seine vielen Hochgeschwindigkeitsrennen bei Sportfesten und all die zweiten Plätze bei Meisterschaften endlich auch durch einen großen Titel krönte. Auch der Mann, den Bucher zum großen Verlierer dieses Rennens gemacht hat, zollte dem Gewinner höchsten Respekt. Olympiasieger Nils Schumann: »Er ist einfach der Stärkste.«

Schumann war eingekeilt

Das Duell zwischen dem Olympiasieger Schumann und dem seit zwei Jahren schnellsten 800-Meter-Läufer Bucher war das große Thema des spannenden Vorgeplänkels. Aber die Dramaturgie des Rennens sah nur einen Athleten in der Hauptrolle vor: André Bucher. Ein Glück für ihn war, dass der Kenianer Wilfred Bungei den gleichen Plan hatte wie er – nämlich jede Taktik der Konkurrenz mit einem hohen Tempo über den Haufen zu rennen. Als Schrittmacher zog Bungei den Schweizer in die beste Ausgangsposition. 300 Meter vor dem Ziel trat Bucher zum langen und erfolgreichen Endspurt an: »Ich fühlte mich stark, deswegen ging ich vorbei.«

So oft schon war der 24-jährige Geschichtslehrer Opfer taktischer Meisterleistungen geworden. Zuletzt war dies bei den Olympischen Spielen in Sydney so, als der Berliner Nils Schumann nach einem verbummelten Lauf des gesamten Feldes mit einem Sturmlauf auf der Zielgerade Gold holte und Bucher als Fünfter unter ferner liefen zurückließ.

Diesmal wollte er sich nicht übertölpeln lassen. Bucher: »Bungei lief ein perfektes Rennen für mich. Wir wollten beide einen schnellen Lauf. Ich war sehr froh, weil ich kein taktisches Rennen wollte. Ich glaube, wir können jetzt beide glücklich mit dem Ergebnis sein.«

Unglücklich war ein anderer: Nils Schumann hatte das Rennen bereits nach 150 Metern verloren, als er nach einer kleinen Rangelei auf dem siebten Platz eingekeilt war und dies auch bis 200 Meter vor dem Ziel blieb. »Ich war die ganze Zeit eingeklemmt und kam nicht raus. Vorne ging die Post ab, ich habe das gemerkt, ich habe versucht zu kämpfen. Aber es ging nicht. Mit einem Schritt zur Seite und dann außen vorbei – das geht bei diesem hohen Tempo nicht.« Auf den letzten hundert Metern kämpfte sich der 23-jährige Berliner noch auf Platz fünf vor.

Stumm und das Gesicht zur Maske gefroren ging der Europameister von 1998 und Olympiasieger die Rampe hoch und raus aus der Arena, vorbei an Dutzenden von Mikrofonen und noch viel mehr Berichterstattern, hinüber zum Aufwärmplatz. Aber auch dort blieb er nicht unbeobachtet, als er in die Knie ging, die Hände vors Gesicht schlug und ein paar Tränen aus den Augen wischte. Sein alter und neuer Trainer Dieter Hermann fand schneller die richtigen Worte: »Bucher hat zu Recht gewonnen. Nils konnte André nicht halten. Als er abgebremst wurde, ging es vorne los.«

Der Vollständigkeit halber sei ergänzt, dass Schumann in der Saison vor der WM nur einen einzigen Wettkampf (in Hengelo) in den Beinen hatte. Ein Muskelfaserriss im Oberschenkel hatte ihn zur Pause gezwungen. Fehlende Wettkampf-Praxis und die Regie des Rennens warfen Schumann auf Platz fünf zurück.

Schumanns eigene Bestürzung über den Gang des Rennens und das eigene Resultat war schlimmer als der Blick der Außenste-

Keine Revanche: André Bucher

André Bucher (Schweiz), geboren am 19. Oktober 1976 in Neudorf.
Maße: 1,85 m; 75 kg.
Größte Erfolge: Vize-Europameister 1998; Olympia-Fünfter 2000; WM-Halbfinals 1997 und 1999.
Champion-Spruch: »Das hier war für mich keine Revanche für die Olympischen Spiele. Dort hat damals der Beste gewonnen, aber das hier war ein anderes Rennen.«

800 m Männer

WR: Wilson Kipketer (Dänemark) 1:41,11 Min. (1997)

Finale am 7. August 2001

1. Andre Bucher (Schweiz) 1:43,70 Min.
2. Wilfred Bungei (Kenia) 1:44,55
3. Pawel Czapiewski (Polen) 1:44,63

henden darauf. Hermann: »Nils ist auch nur ein Mensch.« Sein sportlicher Manager Jos Hermens forschte im psychologischen Kessel nach positiven Signalen: »Für die Planung ist das Ergebnis gar nicht so schlecht. So glaubt er wenigstens nicht, dass er schon alles erreicht hat.«

Es rückt die Verhältnisse zurecht, wenn Olympiasieger ihre Meister finden. André Bucher hatte mit schnellen Rennen und starken Auftritten im Vorfeld das Selbstbewusstsein für diesen goldenen Lauf getankt. Und er genoss jeden Meter und jeden Schritt. »Ich betrachte das Rennen als bestes, das ich je hatte. Ich bekam viel mit. Ich hörte den Sprecher, den Applaus. Das war ein gutes Zeichen und bedeutete Lockerheit. Auf den letzten Metern wusste ich: Jetzt hast du es geschafft.«

»Ich lebe in Luxus«

Vermutlich wäre er hinterher am liebsten gleich davon gelaufen – raus aus den Menschenmengen, die ihn belagerten und befragten. Denn Bucher ist kein Glamourboy, der das Rampenlicht sucht. Held? Da lächelt er und sagt, die Zeit der Helden sei seit Wilhelm Tell vorbei. Das große Geld? »Geld«, sagt er, »kann nie die Motivation sein.« Schon gar nicht, wenn es ihn abhängig macht von Verpflichtungen und einbindet in Zwänge – oder wenn der Reichtum ihn sein Privatleben kostet. »Ich bin nicht 24 Stunden Sportler«, hat er einmal gesagt. »Ich habe auch ein Privatleben« – und das schützt er. Luxus? Oh ja, sagt er. »Ich lebe in Luxus.« Und den erklärt er gerne: »Ich kann den Tag frei einteilen, komme in der Welt herum, habe Freunde, bin gesund und zufrieden.«

André Bucher ist ein stiller Star mit schnellen Beinen und unbeugsamen Prinzipien. Ein Freiheitskämpfer ist er auch. Einer, der sich an kleinen Gesten mehr freut als über große Hymnen. Einer, der verständnisvoll und freundlich die Jubelarien hinnimmt und sich doch niemals ausliefern würde. Zurück in der Schweiz, absolvierte er den Triumphzug durch das Menschenspalier, vorbei an Glockengeläute, Luftballons, Fahnen und Transparenten mit der ihm angeborenen Zurückhaltung und mit dem Glücksgefühl im Herzen. Danach zog er sich an einen unbekannten Ort zurück, um die Ruhe für die neue Kraft zu finden für das neue Ziel. Bucher: »Oben zu bleiben ist eine große Herausforderung, wohl noch schwieriger als hoch zu kommen. Die Medaille wird mich beflügeln.«

Männer: 1500 Meter

Weltmeister mit neuem Ziel

Flirt mit der Jugend: Hicham El Guerrouj

Hicham El Guerrouj (Marokko), geboren am 14. September 1974 in Berkane.
Maße: 1,76 m; 58 kg.
Größte Erfolge: Weltmeister 1997 und 1999, Vize-Weltmeister 1995; Olympia-Zweiter 2000.
Champion-Spruch: »Wissen Sie: Ich bin der alte Mann im Team; die anderen sind noch jung.«

Hicham El Guerrouj hat ein Händchen für die kleinen Gesten mit großer Wirkung. Als der Marokkaner nach einem leichtfüßigen Sieg in 3:30,68 Minuten seinen dritten WM-Titel in der Tasche und die Niederlage bei den Olympischen Spielen in Sydney ausgemerzt hatte, ließ er sich hinter der Ziellinie auf die Knie fallen und begann in aller Ruhe, mit den Fingern Schriftzeichen auf die Bahn zu zeichnen. Er tat dies, als fühle er sich völlig unbeobachtet. Aber natürlich sahen es alle Zuschauer, die Fotografen richteten ihre Objektive, die Fernsehleute ihre Kameras auf ihn. Logisch, dass alle Welt später fragte, was er geschrieben habe. »Ach nichts Besonderes«, sagte der Weltmeister und lächelte sein charmantestes Lächeln. »Ich habe nur Danke gesagt. Ich hatte so viele Probleme im vergangenen Jahr. Und deswegen habe ich meiner Familie, meinen Freunden, meinem Trainer geschrieben: Ich liebe euch alle.«
Er liebt auch das Publikum, dem er Küsschen zu warf – und er liebt die Titel. Umso schmerzhafter ist die Tatsache, dass ihm – bei 49 Endlauf-Siegen ausgerechnet die zwei wichtigsten, nämlich die olympischen Goldmedaillen, fehlen: 1996 in Atlanta stürzte er im Finale, 2000 in Sydney hat ihn der Kenianer Noah Ngeny respektlos überspurtet.
Das passiert einem El Guerrouj nur einmal. In Edmonton folgte er zunächst seinem Landsmann Adil Kaouch wie einem Tempomacher, aber eine Runde vor dem Ziel übernahm der Weltrekordler mühelos selbst die Führungsrolle. Weder der Kenianer Bernard Lagat (3:31,10) noch der Franzose Driss Maazouzi (3:31,54) hatten den Hauch einer Chance auf Gold.
»Das war ein fantastischer Tag«, freute sich der 26-jährige El Guerrouj – und steckte die nächsten Meilensteine seiner Karriere ab: Wenn es nach ihm allein gegangen wäre, hätten seine Fans ihn schon bei dieser WM auch 5000 Meter laufen sehen. Aber der Verband habe es untersagt. Kokett entwischte er jeder neuen Maßregelung mit der Flucht in die Öffentlichkeit: »Ich weiß noch nicht, ob dies mein letztes großes 1500-Meter-Rennen war. Aber sicher ist, dass ich 2004 in Athen die 5000 Meter laufen möchte.« Und weil der Weg dorthin weit ist, wollte er auch gleich damit anfangen: »Es wird schwierig für mich, nach den 1500 Meter auf die 5000 zu wechseln und dort den richtigen Rhythmus zu finden. Ab 3000 Metern wird es sicher sehr hart.« Er lächelte immer noch, als er sagte: »Aber ich bin auch sicher, dass ich über 5000 Meter große Rennen laufen werde.«

1500 m Männer

WR: Hicham El Guerrouj (Marokko) 3:26,00 Min. (1998)

Finale am 12. August 2001

1. Hicham El Guerrouj (Marokko) 3:30,68 Min.
2. Bernard Lagat (Kenia) 3:31,10
3. Driss Maazouzi (Frankreich) 3:31,54

Aus im Vorlauf: Für den deutschen 1500-Meter-Mann Wolfram Müller (mit 3:39,95 Minuten im Vorlauf ausgeschieden) ging es in Edmonton vor allem darum, weitere Erfahrung bei großen Meisterschaften zu sammeln.

Männer: 5000 Meter

Der gleiche Film in anderer Besetzung

Es war, als liefe der gleiche Film unter der gleichen Dramaturgie noch einmal ab – nur halb so lang. Wie über 10 000 Meter bestimmten auch über 5000 Meter die drei Kenianer die Taktik und das Tempo des Rennens. Wieder waren es die Ostafrikaner, die zum Schluss den Spurt anzogen. Und wieder gewann einer von ihnen. Nur lauteten die Namen der Regisseure diesmal anders: Der 20 Jahre junge Richard Limo trat 150 Meter vor dem Ziel zum langen Endspurt an, überholte den führenden Algerier Ali Saidi-Sief und bescherte seiner Heimat mit seinem ersten WM-Titel in beachtlichen 13:00,77 Minuten auch erstmals das Double über beide Langstreckenrennen bei einer Weltmeisterschaft. »Ich wollte der Welt zeigen: Die Kenianer sind zurück«, freute sich der junge Champion und berichtete, wie sie vor dem Rennen im Team ein Gelübde abgelegt hatten: »Es wurde höchste Zeit, Kenia auf die Siegerstraße zurück zu führen.«
Wie immer, wenn ein Kenianer als Goldmedaillengewinner gefeiert wird, durfte auch in diesem Rennen der Hinweis auf die taktische Meisterleistung des Teams nicht fehlen. Der 19-jährige Sammy Kipketer machte 3000 Meter lang vorne fleißig das Tempo und musste nach getaner Vorleistung seinem hohen Einsatz Tribut zollen. Am Ende blieb ihm der sechste Platz und das Lob des erfahrenen Mannschaftskameraden John Kibowen (32). Sammy sei im Grunde stark genug, so ein Tempo bis zum Schluss zu laufen, aber diesmal habe er es eben nicht durchstehen können. Kibowen selbst wurde Vierter und war nicht traurig darüber: »Richard oder ich – wir beide konnten den Schlussspurt anziehen, aber Richard hatte einfach noch mehr Kraft.«
Stolz reihte sich der Sieger in die Erfolgsliste der kenianischen 5000-Meter-Champions ein: Nach Yobes Ondieki (1991), Ismail Kirui (1993 und 1995) und Daniel Komen (1997) eroberte Limo den Stammplatz zurück. Olympiasieger Million Wolde (Äthiopien) wurde in diesem schnellen Rennen in 13:03,47 Minuten Dritter hinter dem Olympia-Zweiten Ali Saidi-Sief (13:02,16), der wie in Sydney auf einen Start über 1500 Meter verzichtete. Der marokkanische Titelverteidiger Salah Hissou musste wegen einer Verletzung auf die Teilnahme in Edmonton verzichten. Deutsche Läufer waren nicht am Start.

Meisterleistung: Richard Limo
Richard Limo (Kenia), geboren am 18. November 1980 in Cheptigit. Maße: 1,67 m; 53 kg. Größte Erfolge: Olympia-Zehnter 2000; über 3000 m Hindernis: Afrikanischer Vize-Meister 1998. Champion-Spruch: »Ich wollte der Welt zeigen: Die Kenianer sind wieder da.«

Die Kenianer sind zurück: Auch über 5000 Meter kann sich ein Athlet aus Kenia durchsetzen; der erst 20-jährige Richard Limo gewinnt in 13:00,77 Minuten Gold für die große afrikanische Läufer-Nation.

5000 m Männer

WR: Haile Gebrselassie (Äthiopien) 12:39,36 Min. (1998)

Finale am 10. August 2001

1. Richard Limo (Kenia) 13:00,77 Min.
2. Ali Saidi Sief (Algerien) 13:02,16
3. Million Wolde (Äthiopien) 13:03,47

Teamwork: Charles Kamathi

Charles Kamathi (Kenia), geboren am 18. Mai 1978. Maße: 1,65 m; 51 kg. Größte Erfolge: Dritter der Cross-Weltmeisterschaften 2001. Champion-Spruch: »Meine Teamkollegen halfen mir enorm; wir waren während des ganzen Rennens die Tempomacher, das hat sich am Ende ausgezahlt.«

Männer: 10 000 Meter

Haile, Haile Segen: Der erlegte Löwe kämpft um sein Revier

Haile Gebreselassie verliert sein Lächeln niemals. Nicht einmal in der Stunde seiner historischen Niederlage. Die Afrikaner nennen ihn den Löwen, also bleiben wir im Bild: Der Doppel-Olympiasieger, 15fache Weltrekordler und viermalige Weltmeister über 10 000 Meter wurde in einer dramatischen Langstreckenjagd selbst zur Beute. Der 23-jährige Kenianer Charles Kamathi beendete in 27:53,25 Minuten eine acht Jahre währende Siegesserie von Gebreselassie im Commonwealth-Stadion mit einem spektakulären Endspurt, in dem der Titelverteidiger auch noch seinen Landsmann und Olympia-Dritten Assefa Mezgebu (23) vorbeiziehen lassen musste.

Haile, Haile Segen: Im Ziel trösteten eine ganze Reihe von Athleten den entthronten König der Langstrecke, ehe sie dem Sieger gratulierten. Gebreselassie genießt nicht nur den Respekt eines Helden, sondern auch die Sympathie eines fairen Sportsmannes. Und wie man es nicht anders erwartet hatte, nahm er lächelnd die Landesfahne und machte sich auf eine Trostrunde durchs Stadion, während die drei Kenianer noch aufgeregt durcheinander plappernd und lachend auf der Laufbahn hockten.

Gemeinsam hatten Paul Kosgei und John Cheruiyot Korir ihren Landesmeister Charles Kamathi in die beste Startposition für den langen Endspurt gebracht. Die Kenianer bestimmten Taktik und Tempo des Finales und zerstörten mit ihren unberechenbaren Verzögerungen und Beschleunigungen geschickt den flüssigen Rhythmus des Rennens.

Silbermedaillengewinner Assefa Mezgebu durchschaute das Spiel, aber für eine Reaktion war es zu spät: »Wir hatten uns auch Taktiken zurecht gelegt, aber die Kenianer diktierten das Tempo für uns. Am Anfang ruinierte die niedrige Geschwindigkeit unsere Pläne – und dann war die letzte Runde auf einmal so schnell, dass wir nicht mehr folgen konnten.«

Es ist die geheimnisvolle Qualität und Spannung eines 10 000-Meter-Laufs, der neben schnellen Beinen auch diplomatisches Geschick, taktisches Renngefühl und flinkes Reaktionsvermögen auf die raffinierten Manöver der Gegner verlangen. Kamathi feierte des-

Größe in der Niederlage: Der ohne große Wettkampfpraxis angereiste mehrfache Weltmeister und Olympiasieger Haile Gebreselassie hatte als Dritter des Finallaufs noch immer ein Lächeln auf den Lippen, ...

wegen seinen ersten WM-Titel als Mannschaftsmedaille. »Ich hätte nicht gedacht, dass ich Haile schlagen kann. Aber meine Teamkollegen halfen mir enorm. Wir waren die Tempomacher – und das hat sich am Ende ausgezahlt.«
Und zwar in zwei Dingen: In 60 000 Dollar Siegprämie – und in der historischen Leistung, den König der Langstrecke nach acht Jahren die erste Niederlage über 10 000 Meter beizubringen. Assefa Mezgebu war es indes fast peinlich, den Wunderläufer im eigenen Land auch noch auf den Bronze-Platz verwiesen zu haben. Aber das Selbstbewusstsein in Kenntnis der Dinge war doch stärker: »Ich bin von Hailes Rennen nicht überrascht. Er hat fast ein Jahr lang wegen seiner Achillessehne nicht trainiert, deswegen ist dies noch ein sehr gutes Resultat für ihn.«
Zugegeben: Haile Gebreselassie (28) hatte viel riskiert – und verloren. Nach seinem zweiten Olympiasieg (nach 1996 in Atlanta) in Sydney, den er auch schon erst auf der Zielgerade in einem abenteuerlich knappen Vorsprung vor dem Kenianer Paul Tergat gerettet hatte, ließ sich der Goldjunge an der Achillessehne operieren, gönnte sich eine Auszeit mit der Familie und achtete auf eine sorgfältige Regeneration seines strapazierten Körpers. Allerdings lief er vor Edmonton nicht ein einziges Rennen – da bei der WM dann zu allem Unglück für ihn die Vorläufe mangels Beteiligung gestrichen wurden, stand er im Commonwealth-Stadion tatsächlich im Finale erstmals überhaupt seit Sydney wieder an der Startlinie eines Rennens.
Sein Manager Jos Hermens war wie Gebreselassie überzeugt, dass das Wagnis berechenbar war: »Haile hat in den letzten zehn Jahren stets auf seinen Spurt vertraut. Warum hätte er es dieses Mal anders machen sollen?« Außerdem gebe es keinen Athleten auf der Welt, der so gut in seinen Körper hinein horchen könne.
Nur der Körper des Gegners war ihm fremd. Gebreselassie hatte sich verschätzt. »Ich hatte nicht erwartet, dass der junge Kenianer auf den letzten Metern so stark ist.« Wie schmerzlich ihn die Niederlage wirklich getroffen hatte, sah man seinem Gesicht nicht an, wohl aber hörte man es aus seinen Worten. Wenige Minuten nach dem Zieleinlauf hatte er schon seine Pläne geändert. »Eine Niederlage ist kein guter Zeitpunkt für einen Abschied von den 10 000 Metern und einen Neuanfang im Marathon. Ich werde definitiv in zwei Jahren bei der WM in Paris noch einmal die 10 000 Meter laufen.« Der Umstieg zum Marathon ist verschoben. Manager Hermens: »Haile ist angeschossen, aber nicht tot.« Der Löwe kämpft um sein Revier.

10 000 m Männer

WR: Haile Gebrselassie (Äthiopien) 26:22,75 Min. (1998)

Finale am 8. August 2001

1. Charles Kamathi (Kenia) 27:53,25 Min.
2. Assefa Mezgebu (Äthiopien) 27:53,97
3. Haile Gebreselassie (Äthiopien) 27:54,41

... als der Kenianer Charles Kamathi dafür sorgte, dass seine acht Jahre während Siegesserie über 10 000 Meter abrupt beendet wurde.

Sieg im Sprint: Gezahegne Abera

Gezahegne Abera (Äthiopien), geboren am 23. April 1978.
Maße: 1,68 m, 57 kg.
Größte Erfolge: Olympiasieger 2000; 1. Platz Fukuoka Marathon 1999; 2. Platz Boston Marathon 2000.
Champion-Spruch: »Im Stadion war ich sicher, dass ich wegen meiner Sprintstärke gewinnen würde.«

Männer: Marathon

Olympiasieger Abera war einen Herzschlag schneller

Die Eröffnungszeremonie der 8. Weltmeisterschaften gab eine prächtige Kulisse für den erstmals in diese Feier integrierten Marathonlauf der Männer ab. Aber der sportliche Wettbewerb krönte die farbige Show mit einem Lauf für die Geschichtsbücher. Ein einziger Herzschlag trennte im Ziel den Sieger vom Zweitplazierten. Die Winzigkeit einer Sekunde Zeitdifferenz entschied das WM-Rennen nach 42,195 anstrengenden, kraftraubenden Kilometern durch die hügeligen Straßen Edmontons.

Olympiasieger Gezahegne Abera aus Äthiopien war der glückliche Gewinner nach 2:12:42 Stunden, der Kenianer Simon Biwott der tragische Held auf dem zweiten Platz nach 2:12:43 Stunden. Die Bronzemedaille holte sich der Italiener Stefano Baldini (2:13:18), aber die Dramaturgie des Laufs bestimmte allein das Duo, das für die engste Entscheidung eines Marathonlaufs seit den Olympischen Spielen 1996 in Atlanta (damals trennten Gold von Silber drei Sekunden) sorgte.

Welch ein Auftakt einer WM: Der Olympiasieger von Sydney folgte dem führenden Kenianer auf Schritt und Tritt ins Commonwealth Stadion, nachdem sich beide beim letzten Anstieg wenige Kilometer vor dem Ziel von der Führungsgruppe abgesetzt hatten. Biwott glaubte noch beim Einbiegen ins Stadion an den Titel, aber Abera wusste es besser: »Ich war sicher, dass ich gewinnen würde, weil ich meine Sprintqualität kenne.« Im Stil von Sprintern jagten sie die letzten 200 Meter der Kunststoffbahn hinunter – und Abera behielt Recht.

Wie muss sich ein Mann fühlen, der nach einem mörderischen Berg- und Tal-Lauf über mehr als 42 Kilometer und nach mehr als zwei Stunden und zwölf Minuten einen Schritt zu spät kommt? Der 31jährige Biwott war fassungslos, enttäuscht, kaputt – aber er zollte seinem Bezwinger allen Respekt. »Ich bin noch nie so ein Rennen gelaufen. Es war das härteste Finale, das ich je erlebt habe. Abera war heute einfach stärker.«

Gezahegne Abera fügte dem olympischen Gold von Sydney den WM-Titel von Edmonton hinzu – und tankte daraus in der Öl-Stadt Kanadas den Sprit für weitere Großtaten. Selbstbewusst gab der 23-Jährige bekannt: »Jetzt will

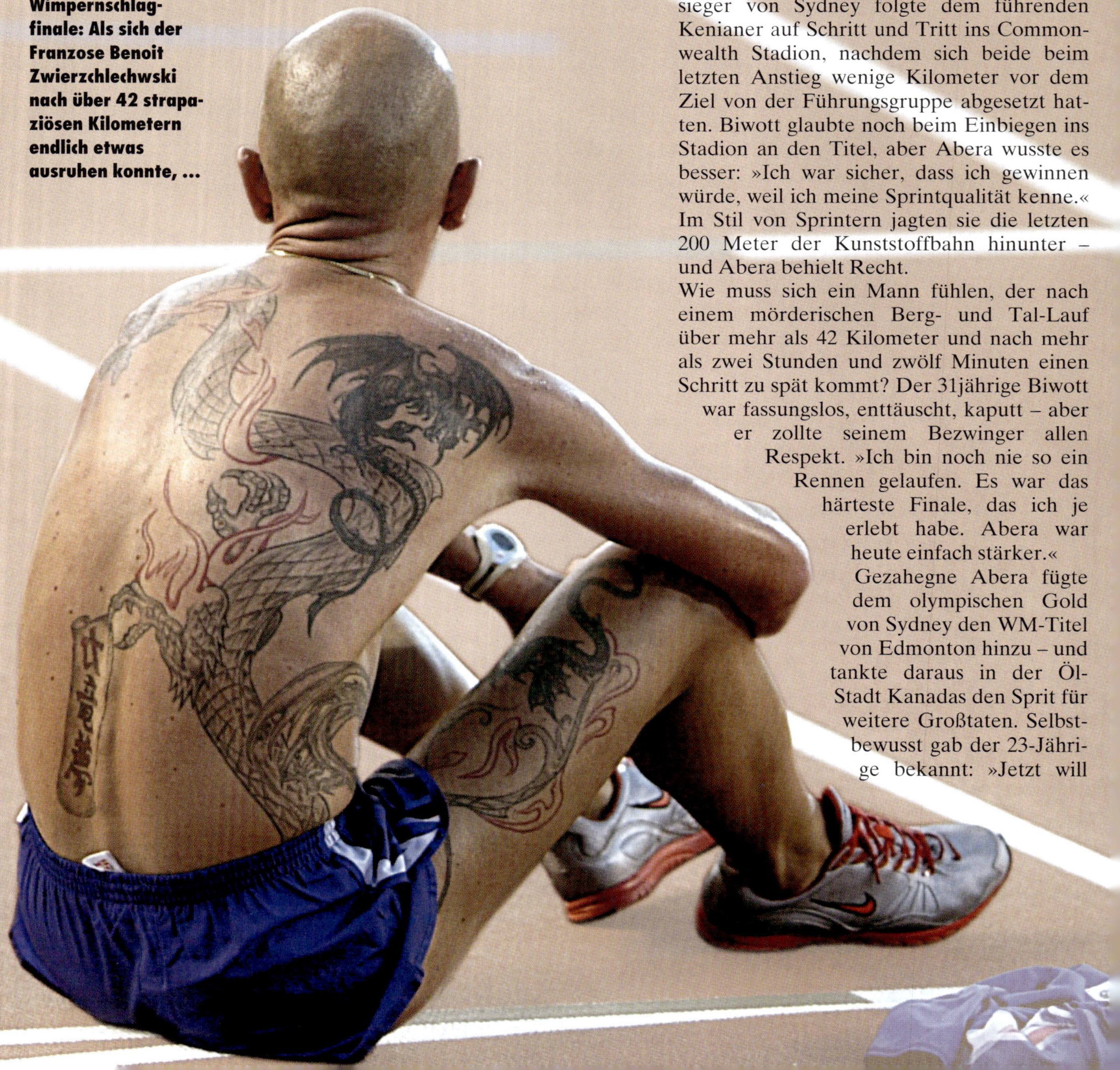

Wimpernschlagfinale: Als sich der Franzose Benoit Zwierzchlechwski nach über 42 strapaziösen Kilometern endlich etwas ausruhen konnte, ...

ich auch die nächsten Olympischen Spiele und die nächsten Weltmeisterschaften gewinnen.«
Der Marathon von Edmonton hat dank der Hauptdarsteller ein eigenes Kapitel in der WM-Historie verdient – und wie so oft, hat er im Lauf des Rennens aus Favoriten Statisten gemacht und Nobodys für ein paar Kilometer ins Rampenlicht gerückt.
55 Minuten lang genoss Ronnie Holassie aus Trinidad den Beifall der Schaulustigen an der Straße und das Augenmerk der Kameras als Sololäufer an der Spitze des Feldes. Dann bog er in Richtung mobile Toilette ab – und kehrte nicht wieder ins Rennen zurück.
Einstweilen belauerten sich die Favoriten im Feld. Nach 25 Kilometern leitete der London-Marathon-Sieger und hoch gewettete Marokkaner Abedelkader El Mouaziz mit seiner Tempo-Attacke die Vorentscheidung ein und zog die Abera, Biwott, Baldini, den Japaner Shigeru Aburaya und den Äthiopier Tesfaye Tola mit.
Ein hoffnungsvoller Aspirant auf den Titel gab ziemlich genau zum gleichen Zeitpunkt auf: Khalid Khannouchi, Inhaber der Weltbestzeit im Marathon und nach seinem Umzug aus seiner Heimat Marokko in die Vereinigten Staaten vor acht Jahren nun erstmals im US-Nationaltrikot am Start, begrub seine Sehnsucht im Staub des Straßenrands. Der 29-Jährige hockte auf dem Bürgersteig, zog die Schuhe aus, betrachtete seine schlimm schmerzenden Blasen und haderte mit der Hitze. »Ich konnte kaum noch atmen.« Nun sind 28 Grad bei niedriger Luftfeuchtigkeit im Grunde Idealbedingungen im Vergleich zum schwülen, heißen Klima seiner Wahlheimat New York. Aber der Marathon schafft in jedem Läufer seine eigenen, subjektiven Empfindungen. Khannouchi: »Meine Füße waren heute zu schwer.«

Marathon Männer

WR: Khalid Khannouchi (USA) 2:05:42 Std. (1999)

Finale am 3. August 2001

1. Gezahegne Abera (Äthiopien) 2:12:42 Std.
2. Simon Biwott (Kenia) 2:12:43
3. Stefano Baldini (Italien) 2:13:18

... war das große Finale im Marathon schon lange gelaufen: Mit der Winzigkeit von einer Sekunde Vorsprung rettet sich der Äthiopier Gezahegne Abera nach 2:12:42 Stunden vor dem Kenianer Simon Biwott ins Ziel.

Russische Perlenkette: Schön der Reihe nach nähern sich Roman Rasskasow, Ilja Markow und Wiktor Burajew nach 20 Kilometer Gehen zum russische Dreifacherfolg der Ziellinie.

Einfach gehen: Roman Rasskazow

Roman Rasskazow (Russland), geboren am 28. April 1979 in Mordowja. Maße: 1,80 m; 64 kg. Größte Erfolge: Olympia-Sechster 2000 (20 km Gehen), Russischer Meister 1999 und 2000; Junioren-Weltmeister über 10000 Meter 1998. Champion-Spruch: »Es war wie gewöhnlich ziemlich einfach für mich: Ich stand auf bin losgegangen.«

20 km Gehen Männer

WR: Julio Rene Martinez (Guatemala) 1:17:46 Std. (1999)

Finale am 4. August 2001

1. Roman Rasskasow (Russland) 1:20:31 Std.
2. Ilja Markow (Russland) 1:20:33
3. Wiktor Burajew (Russland) 1:20:36

Männer: 20 km Gehen

Russisches Märchen

Im Dreierpack marschierten Roman Rasskazow, Ilja Markow und Viktor Burajew nacheinander im Abstand von zwei beziehungsweise drei Sekunden und weit vor allen anderen nach 20 Kilometern über die Ziellinie und ließen ihr russisches Märchen wahr werden: Alle drei Medaillen über 20 Kilometer Gehen machten den totalen Triumph in ihrer Disziplin komplett, sollten am zweiten Tag der Titelkämpfe einen Motivationsschub für das ganze Team auslösen und der in Russland etablierten Disziplin die Zukunft sichern. Ilja Markow (29), als Olympia-Zweiter von 1996 und Weltmeister von 1999 der erfahrenste Geher unter den Medaillengewinnern, nutzte die Gunst der Stunde souverän für einen wirkungsvollen Werbeauftritt. »Drei Medaillen – das ist großartig. In Russland hat Gehen große Tradition. Und dies ist eine Bestätigung für die russische Geher-Schule. Dieses fantastische Ergebnis beflügelt die ganze Mannschaft.«

Im Dreikampf der Russen war freilich nicht Markow, sondern der 22-jährige Sportstudent Roman Rasskazow der Tagesbeste. Der junge Mann nahm den Sieg glücklich, aber gelassen hin. »Es war ziemlich einfach für mich. Ich stand auf und ging los. Ich hatte einen Job und habe ihn erledigt.«

Welch ein Unterschied zu Bronze-Gewinner Wiktor Burajew. Der 18-jährige Jungspund war im Ziel so aufgewühlt, dass er seine Ehrenrunde lieber alleine drehte. Kein Wunder: »Ich bin ohne Medaillenhoffnungen nach Edmonton gekommen. Also fühle ich mich großartig.« Jedenfalls im Kopf und im Herzen. Er lachte und sagte: »Am Ende habe ich meine Beine nicht mehr gespürt, so schwer waren sie.«

Ein schmerzender linker Oberschenkel zwang dagegen den besten deutschen Geher, Andreas Erm, vorzeitig zur Aufgabe: Die Verletzung, die ihn schon während der gesamten WM-Vorbereitung empfindlich gestört hatte, zerstörte die Hoffnungen des Olympia-Fünften aus Naumburg, der Elite ein paar Meter näherzutreten. Enttäuscht, aber nicht demotiviert, setzte sich der 25-jährige schon in Edmonton das nächste große Ziel: »Nächstes Jahr sind ja die Europameisterschaften in München.«

Bissfest: Der Pole Robert Korzeniowski (Mitte) konnte seine Herausforderer Jesus Angel Garcia (Spanien, links) und Edgar Hernandez (Mexiko, rechts) über 50 Kilometer Gehen in Schach halten.

Männer: 50 km Gehen

Gold: Korzeniowski ging's wie daheim

Robert Korzeniowski kann gehen, wie weit und wohin er will. Er geht voraus und keiner kann ihm folgen. In Edmonton gewann der 33-jährige Pole den Wettbewerb über 50 Kilometer Gehen nach einem Soloauftritt auf den letzten 17 Kilometern. Einsam fühlte er sich allein in Führung freilich nicht: Offenbar hatten sich alle nach Kanada ausgewanderten Polen an Edmontons Straßen versammelt. Sie feuerten ihn an, begleiteten ihn mit Applaus und Jubelgesängen. Korzeniowski fühlte sich wie daheim: »Ich war nicht über die vielen polnischen Fans überrascht. Ich habe einige von ihnen schon vor drei Jahren getroffen, als ich nach den Europameisterschaften Ferien in Edmonton und in den Rocky Mountains machte.«

Die Dominanz des Lehrers aus Krakau auf den Geher-Strecken begann ein Jahr zuvor mit seinem ersten WM-Sieg 1997 in Athen über 50 Kilometer. Als erster Geher überhaupt gelang ihm in Edmonton die Wiederholung des Sieges auf der langen Strecke. Ein Höhepunkt seiner erfolgreichen Laufbahn war Sydney 2000 mit Olympiasiegen über 20 und 50 Kilometer. Das freilich wollte er sich in Edmonton nicht zumuten: »Nach Olympia war mir das Training für beide Disziplinen einfach zu hart. Ich habe dieses Jahr versucht, mit weniger Training das Beste aus mir zu machen.« Goldig – nicht wahr? Auf Gold-Kurs will der Weltmeister bleiben. Für Athen 2000 plant er den Abgang: »Dort möchte ich meine Karriere beenden, hoffentlich mit einer Medaille.«

Im verwandten deutschen Geher-Duo aus Gleina konnte Denis Trautmann (29) seinem jüngeren Bruder gratulieren: Mike Trautmann (27) erreichte in 3:53:25 Stunden das Ziel gerade noch unter den Top-Ten. »Das ist meine bisher beste Platzierung, ich bin sehr zufrieden«, freute sich dieser zusammen mit Geher-Teamchef Joachim Pathus. Der Trainer: »Melanie Seeger und Mike waren die Lichtblicke bei dieser WM.« Denis Trautmann sah nach 35 Kilometern die dritte rote Karte und wurde disqualifiziert.

50 km Gehen Männer

WR: Andrej Perlow (Russland) 3:37:41 Std. (1989)

Finale am 11. August 2001

1. Robert Korzeniowski (Polen) 3:42:08 Std.
2. Jesus Angel Garcia (Spanien) 3:43:07
3. Edgar Hernandez (Mexiko) 3:46:12

Abgang in Athen: Robert Korzeniowski

Robert Korzeniowski (Polen), geboren am 30. Juli 1968 in Lubaczow.
Maße: 1,70 m; 63 kg. Größte Erfolge: Doppel-Olympiasieger 2000 (20 und 50 km), Olympiasieger 1996 (50 km); Weltmeister 1997 (50 km); Europameister 1998 (50 km).
Champion-Spruch: »Bei den Olympischen Spiele in Athen werden ich im Wettkampf letztmals gehen. Hoffentlich kann ich meine Karriere mit einer Medaille beenden.«

CUBA

Männer: Hürden-/ Hindernisläufe

Der Abräumer: Allen Johnson (13,04 Sekunden, rechts) gewinnt über 110 Meter Hürden mit hauchdünnem Vorsprung vor Anier Garcia (13,07; Kuba) seinen dritten Weltmeistertitel, nachdem er zuvor fast alle seine Hürden umgerissen hatte.

Knapp gescheitert: Als Halbfinal-Vierter in 13,49 Sekunden verpasste Mike Fenner den Endlauf nur um Haaresbreite – die Zeit hätte dort immerhin Rang fünf bedeutet.

Große Pläne: Allen Johnson
Allen Johnson (USA), geboren am 1. März 1971 in Washington.
Maße: 1,78 m; 70 kg. Größte Erfolge: Olympiasieger 1996; Weltmeister 1995 und 1997.
Championspruch: »Drei Weltmeister-Titel klingt prima, nicht wahr? Ich hoffe, es werden in Zukunft nochmal drei dazukommen.«

Männer: 110 Meter Hürden

Allen Johnson startet durch

Allen Johnson sieht aus wie aus Stein gemeißelt und trägt am liebsten Schwarz: Schwarze Sonnenbrille, schwarze Hosen, schwarze Shirts, schwarze Anzüge, schwarze Haut. Als Dunkelmann der Szene gilt er deswegen nicht. Er ist eher ein Leisetreter unter den amerikanischen Lautsprechern vom Schlag eines Maurice Greene. Und so kommentierte der 30-jährige Amerikaner seinen dritten WM-Sieg nach 1995 und 1997 mit zurückhaltendem Stolz. Der Olympiasieger von 1996: »Drei WM-Titel – das klingt prima, nicht wahr?« Johnson (31) schob die dunkle Brille auf die Stirn, lächelte freundlich in die Runde und schilderte das Rennen, seine Gefühle, seine Pläne. Ja, es sei ein sehr schweres Rennen gewesen. »Ich habe den Atem von Anier Garcia im Nacken gespürt.« Nein, es sei im Prinzip nicht so schlimm, wenn er alle Hürden nieder trete wie diesmal. »Aber ich hatte die Sorge, dass mir das gleiche wie ihn Sydney wieder passiert.«
Auf dem Weg zum zweiten Olympiasieg hatte er den Rhythmus zwischen den Hürden und schließlich Gold und Edelmetall überhaupt verloren und war am Ende Vierter geworden. Olympiasieger wurde in Sydney Garcia. In Edmonton hat Johnson sich revanchiert. Der Kubaner wurde in 13,07 Sekunden Zweiter vor Dudley Dorival, der seiner Wahlheimat Hawaii in 13,25 Sekunden eine Bronzemedaille und einen Landesrekord bescherte.
Allen Johnson ist ein Siegertyp, der Niederlagen kennt. Einer, der in den letzten zwei Jahren so viele Verletzungen kurieren musste, dass ihn das Mitgefühl begleitet. Stressfraktur, Muskelriss, Knieprobleme, Oberschenkel-Blessuren. »Ich hatte so viele Hochs und Tiefs und war nach Sydney so maßlos enttäuscht. Aber ich habe mich aufgerappelt und gedacht: Es kommt ein neues Jahr.« Und jetzt plant er die nächsten Jahre: Die WM 2003 in Paris, Olympia in Athen 2004 und sogar Peking 2008 erklärte Johnson in Siegerlaune zu neuen Zielen und schmunzelte in die Runde. »Ich werde, wenn ich gesund bleibe, noch lange da sein.«
Gar nicht im Finale von Edmonton waren die deutschen Hürdenläufer vertreten. Mike Fenner (Wattenscheid) schied als Vierter seines Halbfinallaufs in 13,49 Sekunden aus und blieb damit weiter unter seiner eigenen Jahresbestmarke als schnellster Deutscher (13,37 Sekunden). Jerome Cews (Mannheim) kam als Sechster (13,55 Sekunden) im Halbfinale im Bereich seines Möglichen an. Und Florian Schwarthoff kam gar nicht ins Ziel: Nicht so spektakulär wie bei seinem Sturz 1995 in Göteborg, aber ebenso folgenreich blieb der Wahl-Berliner nach einem kleinen Schrittfehler am Start zwischen den Hürden im Halbfinale hängen. Der 33-jährige Architekt und Bronzemedaillengewinner von Atlanta 1996 hatte seine Saison 2001 auf keinem festen Boden gebaut. Schwarthoff: »Das ganze Jahr hat mir eine Zeit gefehlt, an der ich mich festhalten konnte. Was mich besonders frustriert: Ich konnte meine guten Trainingsleistungen nicht auf die Bahn bringen.«

110 m Hürden Männer

WR: Colin Jackson (Großbritannien) 12,91 Sek. (1993)

Finale am 9. August 2001

1. Allen Johnson (USA) 13,04 Sek.
2. Anier Garcia (Kuba) 13,07
3. Dudley Dorival (Haiti) 13,25

Männer: 400 Meter Hürden

Superman im Glück: Gold für die Karibik

Man beachte die Signale: An seinem rechten Handgelenk funkelte eine kleine Lichtorgel am Plastikarmband, und am Oberarm deutete ein Superman-Tattoo Großes an. Es folgte die eindrucksvolle Tat. Felix Sanchez (23) gewann völlig überraschend den Endlauf auf über 400 Meter Hürden. Nur 47,49 Sekunden dauerte sein Lauf in die Geschichtsbücher: Superman Sanchez bescherte der Dominikanischen Republik die erste WM-Medaille überhaupt. »Es bedeutet mir viel, die erste Medaille für mein Land zu gewinnen«, sagte er – und man darf ihm glauben. In New York geboren, in Kalifornien aufgewachsen, klopfte Felix Sanchez nach seinem ersten 400-Meter-Hürdenlauf unter 50 Sekunden höflich beim amerikanischen Star-Coach John Smith an. Doch der Trainer von Olympiasieger und Weltmeister Maurice Greene und einer Reihe weiterer Weltklasseathleten, lehnte ab: »Wir sind voll.«

Olympiasieger Taylor disqualifiziert

Also zog er 1999 das Trikot der Heimat seiner Eltern über. Die Dominikanische Republik kann sich glücklich schätzen, dass der Psychologiestudent seine Wurzeln in der Karibik hat. Und, dass er keinen Umweg zu den Hürden scheute. Als Junge spielte Sanchez Baseball, doch dann brach er sich den Arm und ein Leichtathletik-Trainer empfahl den Sportartwechsel: »Er sagte, laufen kannst du auch mit gebrochenem Arm.« Es sollte nicht das einzige Handicap bleiben. »Ich war ein 400-Meter-Läufer. Und ich kann Ihnen gar nicht sagen, wie langsam ich war. Peinlich, peinlich. Lasst mich nur so viel sagen: Ich habe gegen viele Mädchen verloren.« Erst mit dem mutigen Wechsel auf die Hürden-Disziplin begann sein Vorwärtsdrang, internationales Format anzunehmen. Bei den Weltmeisterschaften 1999 schied er im Vorlauf aus, bei den Olympischen Spielen in Sydney schaffte er es bis ins Halbfinale. Und in Edmonton war sein Auftritt dann sensationell Gold Wert. Felix Sanchez ließ den Titelverteidiger Fabrizio Mori (Italien) und den Japaner Dai Tamesue auf den Medaillenplätzen hinter sich. Der Topfavorit hatte sich durch ein Missgeschick schon im Halbfinale verabschiedet: Olympiasieger Angelo Taylor, der mit der Jahresweltbestzeit im Gepäck nach Edmonton anreiste, strauchelte an einer Hürde, geriet außer Tritt und wurde disqualifiziert, weil er auf die benachbarte Bahn ausweichen musste. Damit war noch ein Novum besiegelt: Erstmals war kein US-Amerikaner im WM-Finale über 400 Meter Hürden am Start.

400 m Hürden Männer

WR: Kevin Young (USA) 46,78 Sek. (1992)

Finale am 10. August 2001

1. Felix Sanchez (Dominikanische Republik) 47,49 Sek.
2. Fabrizio Mori (Italien) 47,54
3. Dai Tamesue (Japan) 47,89

Dank den Hürden: Felix Sanchez

Felix Sanchez (Dominikanische Republik), geboren am 30. August 1977 in New York (USA). Maße: 1,78 m; 73 kg. Größte Erfolge: Olympia-Halbfinale 2000. Champion-Spruch: »Ich war mal 400-Meter-Läufer – und ich kann Ihnen gar nicht sagen, wie langsam ich war. Ich verlor gegen viele Mädchen.«

Gold für die Ferieninsel: Mit seinem Überraschungssieg über 400 Meter Hürden gewinnt Felix Sanchez die erste WM-Medaille für die Dominikanische Republik überhaupt.

Männer: 3000 Meter Hindernis

Kosgei setzt Kenias Serie fort

Keine Absprachen: Reuben Kosgei
Reuben Kosgei (Kenia), geboren am 2. August 1979 in Kapsabet.
Maße: 1,73 m; 54 kg. Größte Erfolge: Olympiasieger 2000, Junioren-Weltmeister 1998.
Champion-Spruch: »Es gab keine Absprachen unter den Kenianern, ich lasse mich doch nicht von meinen Teamkollegen einfach besiegen.«

Der Olympiasieger von Sydney höchstpersönlich setzte die Siegesserie kenianischer Hindernisläufer bei den Weltmeisterschaften in Edmonton fort: Reuben Kosgei (22) gewann in 8:15:16 Minuten den WM-Titel, der seit Moses Kiptanuis Erfolg 1993 in Stuttgart immer nach Kenia ging. Die Kette der Doppelerfolge allerdings zerschnitt der Marokkaner Ali Ezzine, der sich in 8:16,21 Minuten zwischen Kosgei und dessen drittplatzierten Landsmann Bernard Barmasai auf die silberne Position drängelte. Ezzine lachte und sagte: »Silber für einen Läufer nördlich von Kenia grenzt an ein Wunder.«

Kein Wunder, sondern einen Alptraum erlebte der favorisierte Landsmann Kosgeis, Raymond Yator. Der Junioren-Weltmeister rutschte auf der letzten Runde vor dem Wassergraben beim Absprung aus und stolperte über die Hürde ins Wasser. »Niemand hat mich gestoßen – und es ist mir auch noch nie zuvor passiert«, ärgerte sich der Kenianer über das Missgeschick (und die verlorene Medaille) bei seiner ersten großen internationalen Meisterschaft.

Yator kam trotz des Sturzes in 8:20,87 Minuten noch vor Ralf Aßmus ins Ziel und schnappte dem Deutschen Meister aus Großengottern damit eine WM-Prämie weg. »Schade, dass es nicht für den achten Platz gereicht hat. Dafür hätte es noch 4000 Dollar gegeben«, meinte der 24-Jährige, der zwar ohne Bargeld, aber nicht mit leeren Händen von seinem erfolgreichen WM-Debüt nach Hause fuhr.

Aßmus lief als Neunter in 8:21,73 Minuten persönliche Bestzeit und freut sich nun auf die Europameisterschaften 2002 in München mit Blick auf das Resultat von Edmonton: »So viele Europäer waren heute nicht vor mir.« Es waren genau drei: Die Spanier Luis Miguel Martin (Vierter) und Antonio Jimenez (Sechster) sowie der Franzose Bouabdallah (Fünfter).

Nur zur Erinnerung: Der allererste Weltmeister über 3000 Meter Hindernis war mit Patriz Ilg anno 1983 in Helsinki ein Deutscher – und mit seiner damaligen Siegerzeit von 8:15,06 Minuten wäre er in Edmonton Gold wert gewesen ...

Zurück nach Kenia ins Jahr 2001: Der Olympia-Zweite und Weltjahresbeste Wilson Boit Kipketer fehlte in Edmonton, weil ihn der kenianische Verband nicht nominiert hatte. Bei einer derart großen Auswahl an Weltklasseläufern kann sich ein Land das leisten. Vor Ort dementierte Reuben Kosgei heftig die Frage, ob die kenianische Crew vor dem Rennen irgendwelche Absprachen untereinander getroffen hätte. »Jeder von uns konnte von den Zeiten her um Gold laufen.« Aber schließlich lasse er sich doch nicht einfach so von einem Teamkollegen überholen.

Ali Ezzine bekannte, diesen Versuch mit seinem Landsmann Brahim Boulami unternommen zu haben, »aber er hat sich unglücklicherweise nicht dran gehalten.« Das Resultat war Rang zehn.

Von der Spitze weg: Reuben Kosgei (Startnummer 682) überquert die Hürde vor dem Feld und sichert sich Runden später in 8:15,16 Minuten den Weltmeistertitel im 3000-Meter-Hindernislauf.

3000 m Hindernis Männer

WR: Bernard Barmasai (Kenia) 7:55,72 Min. (1997)

<u>Finale am 8. August 2001</u>

1. Reuben Kosgei (Kenia) 8:15,16 Min.
2. Ali Ezzine (Marokko) 8:16,21
3. Bernard Barmasai (Kenia) 8:16,59

Männer: Sprungdisziplinen

Der Überflieger: Der Leverkusener Martin Buß überspringt 2,36 Meter, schlägt ein erlesenes Teilnehmerfeld und wird überraschend Weltmeister im Hochsprung.

Undankbarer vierter Platz: Michael Stolle schraubt sich auf starke 5,85 Meter und verpasst höhengleich mit den Zweit- und Drittplatzierten aufgrund seiner häufigeren Fehlversuche nur knapp die Medaillenränge.

IN ATHLETICS • EDMONTON 2001

Männer: Dreisprung

Silber im Haar, Gold in der Hand

Eingerahmt von zwei jungen Himmelstürmern stand der Mann mit den Silberfäden im Haar auf dem Medaillentreppchen und hatte endlich wieder einmal WM-Gold in den Händen: Jonathan Edwards lächelte ihnen zufrieden und ohne jeden Anflug von Hochmut zu. So, als wollte er ihnen sagen: Wartet ab, Eure Zeit kommt noch. Der 35 Jahre alte Brite sprang mit 17,92 Metern im Dreisprung nahe an die Schallmauer der 18 Meter heran und gewann sechs Jahre nach seinem Jahrhundert-Weltrekord von Göteborg (18,29 m) seinen zweiten Weltmeistertitel. Edwards ist damit der Nachfolger des Leverkuseners Charles Friedek, der seinen Titel von Sevilla '99 wegen einer Muskelverletzung nicht verteidigen konnte.

Der Schwede Christian Olsson, gerade 21 Jahre alt, gewann mit 17,47 Metern Silber – kündigte mit allem Respekt vor dem Sieger (»Ich hatte nicht einen Augenblick lang das Gefühl, ihn schlagen zu können.«) die Herausforderung an, als er sagte: »Der Weltrekord im Dreisprung ist einer der am schwersten zu brechenden Rekorde in der Leichtathletik. Das macht die Bedeutung unserer Disziplin größer. Ich hoffe, dass alle jungen Dreispringer diese 18,29 Meter ins Visier nehmen. Und ich will einer von ihnen sein.« Der 20-jährige Bronzemedaillengewinner Igor Spasowchodski (Russland) indes war erst einmal reichlich erstaunt über seinen Erfolg: »Mein Ziel war das Finale. Die Medaille überrascht mich ein bisschen.«

In Ehren am Haupthaar ergraut, genoss der britische Priester-Sohn Jonathan Edwards die Rolle des bescheidenen Mannes im Mittelpunkt der Jungspunde und vergnügte sich an dem Erfolg der späten Jahre. »Ich bin kein Held in meiner Heimat. Aber ich wollte unter diesen nachkommenden jungen Leuten meine Position als Nummer eins behalten. Ich glaube, das ist mir gelungen.« Die Koketterie mit dem Alter hatte sympathische und auch wahre Züge. »Ich weiß nicht, wie viele Chancen ich noch bekomme. Erstmals seit drei Jahren habe ich eine verletzungsfreie Saison hinter mir. Wer weiß, ob das noch einmal gelingt.« Schon im WM-Endkampf hatte er trotz seines weiten Sprunges mit Krämpfen in den Beinen zu kämpfen und bekannte, dass der Sieg nicht so leicht daherkam wie es ausgesehen haben mag.

Edwards sieht trotz seiner 35 Jahre, grauer Haare und als ehrbarer Familienvater mit Frau und zwei halbwüchsigen Kindern immer noch aus wie ein Internatsschüler, der aus Versehen berühmt geworden ist. Er spielt Gitarre, hasst Parties, liebt seine Frau, ehrt seine Freunde und liest am liebsten in der Bibel. So sehen die stillen Stars der Szene aus.

Mit ihren Leistungen – und ihren Aussagen – sorgen sie dafür, dass man sie nicht vergisst. Mit dem Olympiasieg von Sydney, so Edwards, »habe ich eine andere Stufe meiner Karriere betreten. Wenn man so will, begann danach der lange Abschied.« Es sei schön gewesen, in Edmonton zu gewinnen. »Aber das Gold von Sydney war bedeutender, um meiner Karriere ein Qualitätssiegel aufzudrücken.«

Dreisprung Männer

WR: Jonathan Edwards (Großbritannien) 18,29 m (1995)

Finale am 6. August 2001

1. Jonathan Edwards (Großbritannien) 17,92 m
2. Christian Olsson (Schweden) 17,47
3. Igor Spasowchodski (Russland) 17,44

Reifezeugnis: Jonathan Edwards

Jonathan Edwards (Großbritannien), geboren am 10. Mai 1966 in London. Maße: 1,82 m; 73 kg. Größte Erfolge: Olympiasieger 2000, Olympia-Zweiter 1996; Weltmeister 1995, WM-Zweiter 1997, WM-Dritter 1993 und 1999; Europameister 1998. Champion-Spruch: »Unter diesen aufstrebenden jungen Leuten wollte ich meine Position als Nummer eins behalten. Ich habe das Gefühl, das ist mir gelungen.«

Die jungen Wilden in Schach gehalten: Der 35-jährige Dreisprung-Routinier Jonathan Edwards kann seine möglichen Nachfolger erneut auf Distanz halten und gewinnt den Wettbewerb mit einem komfortablen Vorsprung von 45 Zentimetern.

Pokerface: Als einziger Höhenjäger meistert der 25-jährige Deutsche Martin Buß die 2,36 Meter, nachdem er bei 2,33 weitere Versuche ausgelassen hatte. Die Goldmedaille ist der verdiente Lohn für einen starken Auftritt in einem nervenaufreibenden Wettkampf.

Männer: Hochsprung

Martin Buß: Gold heilt alle Leiden

Kein Gold glänzt mehr als jenes, das wie ein Stern vom Himmel fällt. Als Martin Buß die bangen Minuten überstanden hatte, in denen er auf der Videowand in Großaufnahme die drei verbliebenen Konkurrenten mitsamt der Latte auf die Matte fallen sah, explodierte ein Feuerwerk der Freude. Der 25-jährige Berliner, der für Leverkusen startet, tanzte und rannte zu seinem Trainer Rainer Pottel, strahlte wie der Sonnenschein und sagte immer nur: »Wahnsinn. Es ist ein Wahnsinn, dass das geklappt hat.«
Dabei hatte war er am allerwenigsten von dem Erfolg überfallen worden, der in der ganzen Arena mit stehenden Ovationen als Sensation gefeiert wurde. Denn das Selbstbewusstsein, das Athleten zu Siegertypen macht, war im Trainingslager in Calgary vor den Weltmeisterschaften Zentimeter für Zentimeter zusammen mit den übersprungenen Übungshöhen gewachsen. »Man weiß ja, das ich im Training nicht hoch springen kann. Aber in Calgary ging es auf einmal so gut und höher als je zuvor. Ich habe gefühlt, dass ich eine Medaille gewinnen muss. Und ich war sicher, dass es auch der Titel werden könnte.« Aber ... Genau, es ist ein Wahnsinn, dass es auch geklappt hat.

Gute Besserung: Martin Buß

Martin Buß (Leverkusen), geboren am 7. April 1976 in Berlin.
Maße: 1,95 m; 82 kg. Größte Erfolge: WM-Dritter 1999; Hallen-Vizeweltmeister 2000; Europacup-Sieger 1999.
Champion-Spruch: »Es ist Wahnsinn, dass das geklappt hat. Und das nach so einer lausigen Saison.«

Die Qualität des Titels wird von zwei Gütesiegel markiert – eines misst sich an der Höhe und eines an der starken Konkurrenz: Martin Buß ist mit neuer persönlicher Bestleistung und Weltjahresbestleistung von 2,36 Metern Weltmeister geworden. Er hat den 20jährigen russischen Europacup-Gewinner Jaroslaw Rybakow auf Platz zwei und Titelverteidiger Wjatscheslaw Woronin (Russland) auf Platz drei verwiesen. Er hat den zweifachen Weltmeister und Weltrekordler Javier Sotomayor (Kuba) ebenso geschlagen wie den Hallen-Weltmeister Stefan Holm (Schweden) und den Olympiasieger Sergej Kljugin (Russland).
Der hinter Sotomayor fünftplatzierte Holm sagte: »Buß ist der Sprung seines Lebens gelungen.« Als einziger schaffte der Deutsche den Sprung über 2,36 Meter – im letzten noch verbliebenen Versuch. Überhaupt musste der 25-Jährige ganz gegen sein Naturell zum taktischen Spieler werden. »Ich pokere ja nicht gern, aber es blieb mir nichts anderes übrig, weil drei andere die 2,33 m schon geschafft hatten.« Buß selbst hatte nach einer makellosen Kletterpartie über 2,20 m, 2,25 m und 2,30 m bei 2,33 m seinen ersten Fehlversuch und musste mit Blick auf die Konkurrenten Rybakow, Woronin und Sotomayor auf Risiko setzen und die zwei verbliebenen Versuche auf die nächste Höhe setzen. Denn die Angst, da oben zu scheitern, war erheblich kleiner als die Vorstellung, kampflos wieder nur Vierter zu werden. Vierter – das hatte er oft genug. Vor allem 1998, als er Europameisterschaften, Europacup, Weltcup und Grand-Prix-Finale auf dem undankbarsten aller Plätze beendete und zum Auftakt der Saison 1999 bei den Hallen-Weltmeisterschaften gleich nochmal dort landete.
Außerdem schien ihm das Risiko kalkulierbar, denn er vertraute sich. Dieser Glaube an die eigene Leistungsfähigkeit war exakt zum richtigen Zeitpunkt zurückgekehrt. »Es ist einfach wunderbar – wenn ich bedenke, was ich für eine lausige und mittelprächtige Saison hinter mir habe.«
Noch im Juni war er beim Europacup in Bremen drauf und dran, die WM aus seinem Wettkampfkalender zu streichen. Erst bei den Deutschen Meisterschaften in Stuttgart

Hochsprung Männer

WR: Javier Sotomayor (Kuba) 2,45 m (1993)

Finale am 8. August 2001

1. Martin Buß (Leverkusen) 2,36 m
2. Jaroslaw Rybakow (Russland) 2,33 und Wjatscheslaw Woronin (Russland) 2,33

nutzte er die letzte Chance zur Qualifikation. Ein Jahr voller Zweifel, Sinnkrisen und körperlicher Schwächeperioden lag hinter ihm. Lange nagte Buß daran, dass er wegen seiner Achillessehnen-Operation am 26. Juni 2000 auf die Teilnahme bei den Olympischen Spielen in Sydney verzichten musste. Die zu zwei Dritteln im Sprungfuß gerissene Achillessehne war zwar geflickt. Aber dann traten auf einmal Kniebeschwerden auf. Und der ganze Körper rebellierte. »Ich war immer so müde, fühlte mich schlecht und wusste nicht, warum.«

So kann's dann gehen: Martin Buß ließ sich die Krankheit einreden. »Überall wurde so viel von Krankheiten geredet, von Pfeifferschem Drüsenfieber und so. Und irgendwann denkst du dann, du bist krank.« Mit Folgen für Körper und Geist: Seine Sprünge wurden instabil und verloren die technische Qualität – und leise schlich sich Existenzangst ein. Denn Martin Buß hat das Studium der Luft- und Raumfahrttechnik aufgegeben, um sich professionell seinem Hochsprung-Talent widmen zu können.

Der eingebildete Kranke gesundete freilich blitzartig, als er nach einem medizinischen Rundum-Check bei Professor Kindermann in Saarbrücken die Diagnose erhielt: »Er hat mir gesagt, dass ich kerngesund bin.« Und Buß hat es – total erleichtert – Gott sei Dank auch geglaubt. In Edmonton konnte er längst darüber lachen: »Das war wohl eine Kopfsache.«

Und der Weltmeistertitel war dann eine Herzensangelegenheit, die auf eine sehr besondere Weise buchstäblich in die Hose ging: Buß hatte festgestellt, dass er die Latte bei Fehlversuchen oft nur mit dem Oberschenkel runterstreifte. Also schlüpfte er im WM-Finale in die knielangen Hose, wie man sie von den Radrennfahrern kennt. Das rutschige Material erzeugt bei Lattenberührungen weniger Reibung als die nackte Haut. »Ich dachte, ich probier das Mal – und es hat gewirkt.«

Um eine Goldmedaille, 60 000 Dollar Titelprämie und jede Menge Glücksmomente reicher, hatte Martin Buß schließlich nur noch eines im Sinn: ab nach Hause. Dort wartete schon sehnsüchtig die Familie, die er so sehr vermisst hat. Obwohl seine Buben Dominik (1) und Yannick (3) als Farbdrucke auf seinem T-Shirt immer ganz nah bei ihm waren, konnte er das Wiedersehen kaum abwarten. Denn von zuhause war ihm auch ein Erfolgserlebnis gemeldet worden: »Dominik hat während meiner Abwesenheit Laufen gelernt.«

Eine Klasse für sich: Mit 20 Zentimetern Vorsprung vor der Konkurrenz beherrschte der für Australien startende Dimitri Markow das Stabhochsprungfinale nach Belieben und gewinnt mit einer Sieghöhe von 6,05 Metern die Goldmedaille.

Heiß auf Eis: Dimitri Markow

Dimitri Markow (Australien), geboren am 14. März 1975 in Vitebsk (Weißrussland).
Maße: 1,82 m; 85 kg.
Größte Erfolge: Olympia-Fünfter 2000; Vize-Weltmeister 1999; Hallen-Europameister 1996.
Champion-Spruch: »Ich hätte nie gedacht, dass ich sechs Meter schaffen kann. Mein Fuß lag heute noch drei Stunden im Eis.«

Männer: Stabhochsprung

Ein Höhenjäger und drei Tiefflieger

Geduldig und aufgereiht wie die Spatzen auf der Stange hockten die Stabhochspringer auf den Turnbänken in der Arena und schauten aus der ersten Reihe zu, wie Dimitri Markow die fetteste Taube vom Himmel holte: Der gebürtige Weißrusse, der seit Mai 1999 für seine Wahlheimat Australien startet, kletterte als einsamer Höhenjäger über 5,90, 5,95 und schließlich sogar über 6,05 Meter (im zweiten Versuch) und trat die Nachfolge des verletzten russischen Titelverteidigers Maxim Tarassow als Weltmeister an.

Zwanzig Zentimeter niedriger wurden die restlichen Medaillen verteilt: Der in Russland geborene und inzwischen für Israel startende WM-Dritte von 1999, Aleksander Awerbuch gewann Silber vor Olympiasieger Nick Hysong (USA). Beide überquerten mit unterschiedlicher Anzahl von Versuchen 5,85 Meter. Dimitri Markow war eine Klasse für sich. Der 26-Jährige erntete auch von seinen Konkurrenten höchste Bewunderung für seine Solo-Vorstellung. Michael Stolle: »Es war eine würdige Vorstellung. Markow hat uns allesamt nach Strich und Faden deklassiert. Es war schön zu sehen, wie er gesprungen ist.«

Der zweimalige Europacup-Sieger Stolle führte das traurige Trio der (nieder)geschlagenen deutschen Luftakrobaten an, die in Edmonton mit großen Hoffnungen gestartet und im Tiefflug gelandet sind. Wie schon in Sydney bei den Olympischen Spielen belegte der 26 Jahre alte Hobby-Fallschirmspringer den undankbaren vierten Platz. Mit einem Unterschied: In Sydney war er dabei auf gleicher Höhe mit dem Goldmedaillengewinner gewesen, in Edmonton 20 Zentimeter darunter. Allerdings kostete ihn wieder die Zahl der Versuche eine Medaille. »Ich bin sehr enttäuscht«, bekannte Stolle, »denn ich war davon ausgegangen, dass ich 5,90 Meter springen kann.«

Der vierte Platz droht zum Trauma zu werden – für Stolle, aber auch für den DLV: 1997 in Athen wurde Tim Lobinger Vierter, 1999 in Sevilla Danny Ecker – und nun (nach Platz vier in Sydney) Michael Stolle.

Anders als Stolle blieb Danny Ecker – als einziger Sechsmeter-Springer unter den deutschen WM-Teilnehmern – bis auf einen gültigen Versuch gleich so gut wie ganz am Boden. Heide Ecker-Rosendahl und ihr Mann John Ecker saßen auf der Tribüne direkt über der Stabhochsprung-Anlage und erlebten das Drama ihres Sohnes live. Für Eltern, die beide selbst erfolgreiche Hochleistungssportler waren, muss es ein besonders nervenaufreibendes Erlebnis gewesen sein. Ihr 24 Jahre alter Sohn kam nach bewältigter Anfangshöhe von 5,65 Meter plötzlich mit dem Anlauf überhaupt nicht mehr zurecht, verfehlte seine Zwischenmarke um fast einen

Stabhochsprung Männer

WR: Sergej Bubka (Ukraine) 6,14 m (1994)

Finale am 9. August 2001

1. Dimitri Markow (Australien) 6,05 m
2. Aleksander Awerbuch (Israel) 5,85
3. Nick Hysong (USA) 5,85

Meter und traf deswegen den Einstichkasten für den Absprung mit dem Stab überhaupt nicht mehr. Die Zeit lief ihm davon – und die Medaillenträume erwachten auf Rang elf. Ecker: »Ich kann mir selbst nicht erklären, was los war.« Der Galgenhumor half auch nicht viel weiter: »Vielleicht war es die Farbe der Matte, die hat mir noch nie Glück gebracht.«
Im Unterschied Stolle und Ecker belegte WM-Debütant Richard Spiegelburg als Sechster (5,75 m) den Platz, den man realistisch erhoffen durfte. Zufrieden war der Deutsche Meister aber nicht mit sich: »Beim Saisonhöhepunkt muss man seine Bestleistung bringen«, fand er – und die lag seit seinem nationalen Titelgewinn zehn Zentimeter höher.
Der Absturz der hohen Erwartungen wurde auf nationaler Ebene verhandelt, während die Medaillengewinner in fröhlicher Runde vor der internationalen Presse plauderten. Weltmeister Markow bekannte, dass er von sich selbst an diesem Tag keinen Sechs-Meter-Sprung zu erhoffen gewagt hatte. »Ich hatte Sorgen wegen meines Fußes. Gestern habe ich ihn zehn Stunden und heute noch einmal drei Stunden auf Eis gelegt, aber danach fühlte ich mich wirklich viel besser.«
Natürlich wurde der Weltmeister nach dem Weltrekord gefragt, den der sechsmalige Titelgewinner Sergej Bubka vor Jahren auf 6,14 Meter hochgeschraubt hat. Der Ukrainer, inzwischen als Athleten-Sprecher im Internationalen Olympischen Komitee und Council-Mitglied des Internationalen Leichtathletik-Verbandes, hatte Kritik an den Aktiven geübt: »Ich habe das Stabhochspringen des 21. Jahrhunderts betrieben, doch die Athleten von heute springen wie im 19. Jahrhundert.« Sie sollten, so der Überflieger, mehr an ihrer Technik feilen. Dimitri Markow gab zwei Antworten. Eine mit der Tat: 6,05 m – und eine mit dem Wort: »Es gibt Rekorde, die halten ein Jahr, und es gibt Rekorde für die Ewigkeit.« Ehrlich gesagt: Der Rekord kümmerte ihn nicht besonders – nur so viel: »Ich bin noch nicht in der Lage, ihn zu brechen.«
Awerbuch und Hysong zeigten sich als hoch zufriedene und glückliche Medaillengewinner. Und der Israeli lieferte den Spruch des Tages. Gefragt, ob die Herren Stabhochspringer nicht neidisch seien, weil so viele nur Augen für die Damen (ihrer Disziplin) haben, sagte er lachend: »Nein, überhaupt nicht. Nach Frauen schauen ist doch ganz normal, das mache ich schon mein ganzes Leben lang.«

Männer: Weitsprung

Zur rechten Zeit am rechten Platz

Man hat sich so an ihn gewöhnt: Der Kubaner Ivan Pedroso gewinnt seit 1995 in schöner Regelmäßigkeit die Weltmeistertitel im Weitsprung, abgesehen davon ist er auch der amtierende Olympiasieger und fünfmaliger Hallen-Weltmeister. In Edmonton sicherte sich der 28-Jährige aus Havanna den vierten WM-Erfolg unter freiem Himmel mit 8,40 Metern im fünften Versuch. Pedroso: »Ich bin sehr glücklich. Es war das erste gute Ergebnis für mich in dieser Saison, und es kam zur rechten Zeit.« Eine Verletzung am rechten Bein hatte ihm Sorgen gemacht, doch die Konkurrenten hatten sich vor lauter Respekt sowieso schon auf die übrigen Medaillenränge hinter ihm eingerichtet. Vize-Weltmeister Savante Stringfellow (USA) war mit 8,24 Metern glücklich: »Was will ich mehr? Ich bin Zweiter hinter einem der größten Weitspringer aller Zeiten. Das ist ein Traum für mich.« Und der Portugiese Carlos Calado (Bronze mit 8,21) meinte schlicht: »Ich fühle mich großartig.«

Einsame Klasse: Ivan Pedroso
Ivan Pedroso (Kuba), geboren am 17. Dezember 1972 in Havanna.
Maße: 1,72 m; 70 kg. Größte Erfolge: Olympiasieger 2000; Weltmeister 1995, 1997 und 1999; fünf Mal Hallen-Weltmeister (zw. 1993 und 2001).
Champion-Spruch: »Ich widme diese Medaille meinem Kind und meiner Mutter und freue mich, sie wieder zu sehen.«

Weitsprung Männer
WR: Mike Powell (USA) 8,95 m (1991)
Finale am 11. August 2001
1. Ivan Pedroso (Kuba) 8,40 m
2. Savante Stringfellow (USA) 8,24
3. Carlos Calado (Portugal) 8,21

Ivans vierter Streich: 8,40 Meter reichen dem kubanischen Weitspringer Ivan Pedroso, um sich den vierten Weltmeistertitel in Folge zu sichern.

adidas

Männer: Wurfdisziplinen

Der Herr der Ringe: Wieder einmal schleuderte kein anderer den Diskus weiter als Lars Riedel – nach 69,72 Meter war der fünfte Weltmeistertitel perfekt.

Amerika on Top: John Godina
John Godina (USA), geboren am 31. Mai 1972 in Fort Sill/Oklahoma. Maße: 1,93 m; 129 kg. Größte Erfolge: Weltmeister 1995 und 1997, Olympia-Silber 1996 und Bronze 2000, Hallen-Weltmeister 2001.
Champion-Spruch: »Ich freue mich, wenn ein Amerikaner gewinnt; aber ich freue mich noch mehr, wenn ich dieser Amerikaner bin.«

Männer: Kugelstoßen

Wer Kummer kennt, spürt mehr Glück

Mehr als ein halber Meter trennte den stärksten Mann von seinen Nachbarn auf dem Medaillentreppchen: Der Amerikaner John Godina (31) gewann mit 21,87 Metern seinen dritten Weltmeistertitel im Kugelstoßen nach 1995 und 1997 souverän vor seinem Landsmann Adam Nelson (21,24 m) und dem finnischen Olympiasieger Arsi Harju (20,93 m). Der zweimalige Vize-Weltmeister Oliver-Sven Buder (Ingolstadt) kommentierte die Entscheidung von den Tribünen aus: »Das war eine Ein-Mann-Show.«

Keine Chance: Nach einem rabenschwarzen Tag, an dem aber auch gar nichts klappte, verabschiedete sich Oliver-Sven Buder bereits in der Qualifikation (rechts) aus dem Kugelstoß-Wettbewerb – der spätere Weltmeister John Godina (USA, oben) wuchtete die Eisenkugel fast drei Meter weiter.

Der Ingolstädter, der seit 1991 fünf Mal im WM-Endkampf vertreten war, hatte in der Qualifikation nach einem kläglichen 18,89-Meter-Stoß nach dem zweiten Versuch aufgegeben. Eine schwere Erkältung, die er sich auf dem Flug nach Kanada zugezogen hatte, machte den starken Mann so schwach. »Zwei Tage vor dem Wettkampf dachte ich noch, ich muss sterben«, meinte Buder – und feierte dann doch die Auferstehung mit der Rückkehr seines Humors: »Das ist wie bei einem Ferrari, wenn man ihn nicht auftankt, läuft er auch nicht.« Der 35-Jährige buchte rasch den Rückflug und freute sich auf »ein Weißbier, Cordon Bleu und richtigen Kaffee daheim«.

Der WM-Neuling Ralf Bartels (Neubrandenburg) war im Trainingslager in Calgary wenige Tage vor dem Wettkampf noch ein Zahn gezogen worden. Prompt fehlte ihm in Edmonton der feste Biss: Mit 20,45 Metern war der Junioren-Weltmeister von 1996 mehr als einen Meter unter der Qualifikationsnorm für das Finale geblieben. So fand erstmals in der Geschichte der Leichtathletik-Weltmeisterschaften ein Kugelstoß-Endkampf ohne deutsche Athleten statt.

Der Ruhm gebührte anderen: Dem Sieger John Godina, der den Sieg, 60 000 Dollar Prämie und die Erfahrung aus diesem Wettkampf mitnahm, dass ein hart erarbeitetes Comeback schöner ist als ein leicht erworbenes Glück. Godina war nach zwei Titelgewinnen 1999 in Sevilla nur Siebter geworden. Der 31-Jährige: »Wenn du den großen Sturm überstehst und dann die Sonne siehst, ist das ein großartiges Gefühl.«

Wie sehr sich Arsi Harju nach diesem Gefühl sehnte, konnte man nur ahnen: Der finnische Olympiasieger von Sydney war glücklich mit seinem dritten Platz und hatte doch Trauer im Herzen. Im Februar 2001 starb seine Verlobte an Krebs, er strich alle Wettkämpfe und qualifizierte sich mit einem einzigen Auftritt im Juni für die WM. Wortkarg saß der mächtige Mann mit der Bronzemedaille im Interview-Zelt und hinterließ doch bleibenden Eindruck, als er sagte: »Ich spüre, dass man in seinem Leben Glück und Kummer braucht. Denn ohne das eine Gefühl verliert das andere seine Bedeutung.«

Kugelstoßen Männer

WR: Randy Barnes (USA) 23,12 m (1990)

Finale am 4. August 2001

1. John Godina (USA) 21,87 m
2. Adam Nelson (USA) 21,24
3. Arsi Harju (Finnland) 20,93

Die Souveränität des Meisters: Großes Selbstbewußtsein ausstrahlend bereitet sich Diskus-König Lars Riedel auf einen weiteren Versuch vor.

Männer: Diskuswerfen

Fünfter Titel: Riedel ist der Herr der Ringe

Angesichts der stattlichen Mannsbilder auf dem Podium geriet die Dolmetscherin völlig aus der Fassung: Statt die deutschen Kommentare des Weltmeisters Lars Riedel pflichtgemäß für die Berichterstatter aus der ganzen Welt ins Englische zu übersetzen, erzählte sie seine Ausführungen eifrig nochmal in seiner Muttersprache nach. Es war die heitere Untermalung eines Kapitels, in dem der Chemnitzer die richten Worte für ein Kapitel Sportgeschichte finden musste. Lars Riedel gewann in Edmonton zehn Jahre nach seinem Erfolg von Tokio 1991 seinen fünften Weltmeistertitel im Diskuswerfen. Nur 1999 in Sevilla musste er sich mit Bronze begnügen. Aber die Gelegenheit, den einsamen Rekord des Stabhochspringers Sergej Bubka mit sechs WM-Goldmedaillen in einer Disziplin einzustellen, peilt er schon an: 2002 finden in Paris die nächsten Welttitelkämpfe statt. Vize-Weltmeister Virgilius Alekna (Litauen): »Lars wird die Tradition wohl bis zum sechsten Titel fortsetzen. Es ist für mich sehr schwer, diese Serie zu brechen.«

Für den Herrn der (Diskus-)Ringe wird Paris die nächste große Station auf dem Weg zum optimistisch geplanten Showdown einer einzigartigen Karriere bei den Olympischen Spielen 2004 in Athen sein. Riedel: »Griechenland ist die Heimat des Diskuswerfens. Das wäre ein schöner Abschluss.«

Der 34-jährige Hüne aus Chemnitz plant langfristig, obwohl er die Signaltöne seines Körpers immer wieder zu hören bekommt. Im Mai 2001 musste er wegen eines Knorpelschadens eine Knieorthoskopie vornehmen lassen, verlor dadurch vier Wochen in der Saisonvorbereitung, »aber es sieht so aus, als hätte es nicht geschadet.« Brenzliger wurde die Situation, als ihn am Tag vor dem WM-Wettkampf eine Blockade der Halswirbelsäule behinderte. Das steife Genick behob der Physiotherapeut Georg Maurer mit einem orthopädischen Kissen. Trainer Karl-Heinz Steinmetz: »Wir haben Blut und Wasser geschwitzt.«

Solche Wehwehchen konnten die Zuschauer nicht ahnen, als Riedel auf seine unverwechselbare Art seine Gardemaß-Körper wie ein Tänzer in Schwung drehte. Erst ganz langsam und dann mit zunehmendem Druck und Tempo, mit weit ausholenden Armen die zwei Kilo schwere Scheibe auf Titelreise schickte. Es war ein ästhetisches Bewegungsbild – mit dem erhofften Ergebnis: Mit 69,72 Metern im fünften Versuch besiegte Riedel den Olympiasieger Virgilus Alekna (69,40) – und war »vollkommen glücklich« nach einem Wettbewerb, den er als »den schwersten Titelkampf von allen« beschrieb. »Mein Siegwurf war fast perfekt. Wenn meine Beine während der Drehung ein bisschen schneller gewesen wären, hätte ich über 70 Meter werfen können.«

Michael Möllenbeck: überglücklich mit Bronze

Die Szenen glichen sich nicht: Als die langjährigen Weggefährten Lars Riedel und Jürgen Schult sich noch die Medaillen gegenseitig abjagten und sie dann miteinander feierten, hatten die Fotografen keine Mühe, harmonische Jubelfotos zu schießen. Vorbei ist vorbei. In Edmonton amtierte der Weltrekordler Schult als Bundestrainer und respektierte die Entscheidung des gleichermaßen

Diskuswerfen Männer

WR: Jürgen Schult (Deutschland) 74,08 m (1986)

Finale am 8. August 2001

1. Lars Riedel (Chemnitz) 69,72 m
2. Virgiljus Alekna (Litauen) 69,40
3. Michael Möllenbeck (Wattenscheid) 67,61

erfahrenen Routiniers Riedel, auf seine Betreuung zu verzichten.

Das neue Bild in der Arena: Der Silbermedaillengewinner gratulierte Riedel. Der Bronzemedaillengewinner gratulierte nicht. Kein Handschlag und kein Lächeln gab es zwischen Riedel und seinem Teamkollegen Michael Möllenbeck, der dem Weltmeister auf dem Weg zur Ehrenrunde nicht einmal einen Seitenblick hinterher warf und stattdessen seine Frau Anja auf den Rängen umarmte.

Denn der Wattenscheider feierte den schönsten und erfolgreichsten Wettkampf seiner Karriere: Gleich im ersten Versuch segelte die Scheibe 67,61 Metern weit – nie hatte Möllenbeck zuvor so weit geworfen. Und am Ende bescherte die persönliche Bestleistung dem 31-Jährigen die WM-Bronzemedaille. »Was will ich mehr?«, sagte er und strahlte. »Ich bin restlos glücklich.« Den ursprünglichen Plan, nach den Europameisterschaften in München 2002 seine Laufbahn zu beenden, legte er in Edmonton erst einmal ad acta. »Die Medaille gibt mir Selbstvertrauen. Ich mache weiter.«

Während Riedel und Möllenbeck – ein jeder selig, aber ohne sich eines Blickes zu würdigen – ihre Erfolge genossen, bemerkten aufmerksame Zuschauer natürlich, dass sich die beiden Deutschen nicht einmal gegenseitig gratuliert hatten. Riedel umkurvte die direkte Nachfrage mit dem eleganten Hinweis, im Wettbewerb sei eben jeder auf sich selbst konzentriert und er habe nur auf Alekna geachtet. Möllenbeck ließ kurz und bündig wissen: »Da gibt es nichts mehr zu kitten.«

Der Bruch liegt lange zurück. Möllenbeck hatte 1994 während eines gemeinsamen Trainingslagers in Albufeira (Portugal) die Glasplatte eines Tisches aus dem Fenster geworfen und war anschließend vom DLV für sechs Monate zur Strafe suspendiert worden. Riedel hatte das Verhalten des Wattenscheiders drastisch kommentiert. Seither ist das Verhältnis zerrüttet.

Getroffen haben sich die beiden auch in Edmonton nur auf dem Medaillentreppchen. Michael Möllenbeck war erst drei Tage vor dem Wettkampf angereist, weil er wegen seiner Ausbildung zum Programmierer daheim nicht früher abkömmlich war. Lars Riedel reiste unmittelbar nach dem Wettkampf ab, weil er unbedingt die Einschulung seines Sohnes Robert miterleben wollte. »Das«, sagte der fünfmalige Weltmeister, »ist der wichtigste Termin des Jahres«.

Goldsammler: Lars Riedel

Lars Riedel (Chemnitz), geboren am 28. Juni 1967 in Zwickau. Maße: 1,99 m; 115 kg.
Größte Erfolge: Olympiasieg 1996, Olympia-Silber 2000; Weltmeister 1991, 1993, 1995, 1997, WM-Dritter 1999; Europameister 1998.
Champion-Spruch: »Das war mein schwerster Titelkampf. Aber der wichtigste Termin dieses Jahr ist die Einschulung meines Sohnes.«

Die Freude des Underdogs: Mit einem Wurf auf 67,61 Meter schiebt sich der Wattenscheider Michael Möllenbeck überraschend auf den Bronze-Platz.

Männer: Hammerwerfen

Ziolkowski schaffte das Double

Hartes Brot: Szymon Ziolkowski

Szymon Ziolkowski (Polen), geboren am 1. Juli 1976 in Posen.
Maße: 1,90 m; 110 kg. Größte Erfolge: Olympiasieger 2000; Junioren-Weltmeister 1994.
Champion-Spruch: »Es war sehr hart. Im Vergleich zu diesem WM-Wettkampf war Sydney ein Stück Kuchen.«

Titelverteidiger Karsten Kobs musste sich in Edmonton kampflos entthronen lassen: Der 29-jährige Leverkusener Weltmeister von 1999 kapitulierte schon in der Qualifikation wegen einer schmerzhaften Seitenstrangangina. Kobs: »Seit Tagen fühle ich mich schlapp. Nach zwei Drehungen habe ich gemerkt, dass es nicht geht.« Als Favorit war Kobs freilich nach seinem Scheitern in der olympischen Qualifikation auch nach Edmonton sowieso nicht angereist. Das Sahnehäubchen auf die Torte holte sich ein anderer: Der Pole Szymon Ziolkowski (25) gewann im Hammerwerfen nach dem olympischen Gold von Sydney 2000 ein Jahr danach auch den Weltmeistertitel. Allerdings machten ihm die Konkurrenten diesen Erfolg erheblich schwerer als es den goldenen Wurf in Australien. »Es war sehr hart. Im Vergleich zu diesem Wettkampf war Sydney wie ein Stück Kuchen.« So süß – meinte er wohl. Aber die hart erkämpften Siege schmecken dafür besonders herzhaft. Der neue Weltmeister gewann mit 83,38 Metern vor dem Japaner Koji Murofushi (26) und dem Russen Ilja Konowalow mit 80,27. Der Japaner stammt übrigens aus einer sportlichen Familie: Sein Vater hielt lange Jahre den japanischen Hammerwurf-Rekord und seine Schwester war japanische Diskus-Meisterin und Rekordhalterin.

Hammerwerfen Männer

WR: Jury Sedych (Russland) 86,74 m (1986)

Finale am 5. August 2001

1. Szymon Ziolkowski (Polen) 83,38 m
2. Koji Murofushi (Japan) 82,92
3. Ilja Konowalow (Russland) 80,27

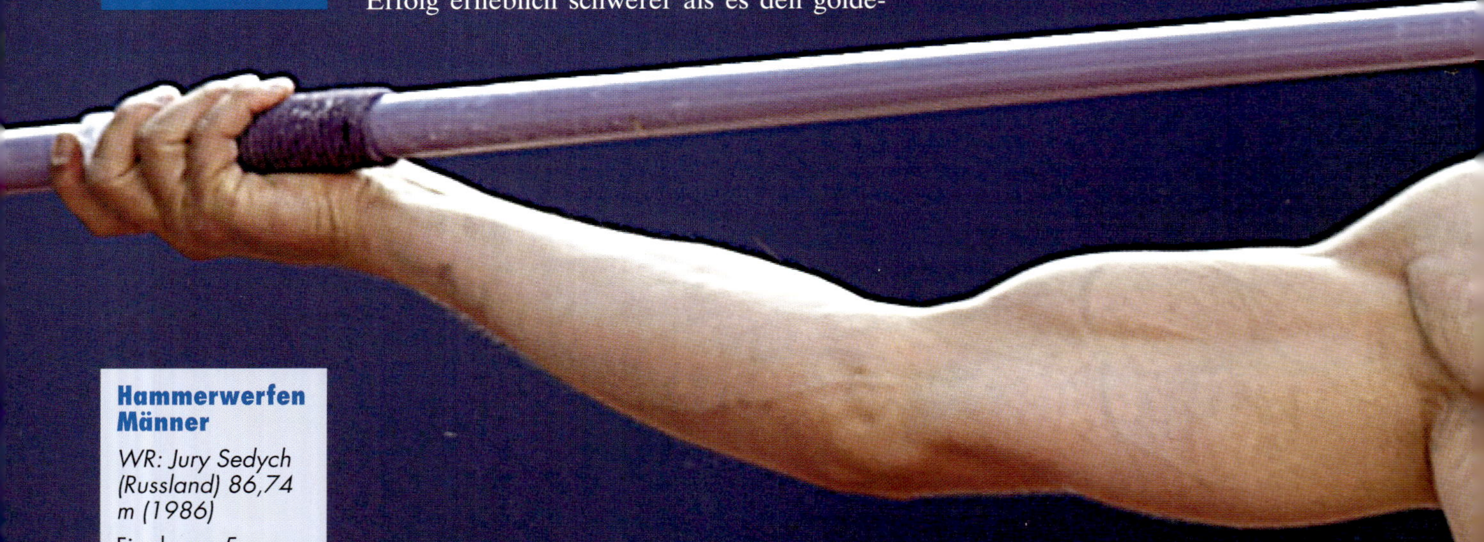

Männer: Speerwerfen

Jan Zelezny: Bis zum Umfallen

Jan Zeleznys Sehnsucht nach Siegen ist unendlich: Mit dem dritten Weltmeistertitel in der Tasche und drei olympischen Goldmedaillen in der heimischen Sammlung fühlt sich der erfolgreichste Speerwerfer aller Zeiten bestens für die nächsten Jahre gerüstet. »Ich werfe so lange, bis ich umfalle. Ich habe eine Menge Spaß, und vor allen Dingen weiß ich, dass ich momentan noch jeden Wettkampf gewinnen kann«, erklärte der 35 Jahre alte Tscheche nach seinem WM-Erfolg. 92,80 Meter weit flog sein Speer im zweiten Versuch. Es war die Siegweite – und der gelungene Konter gegen die Vorlage (91,31 m) von Titelverteidiger Aki Parviainen, die dem Finnen Silber einbrachte. Das Medaillentreppchen hatte die gleiche Besetzung wie in Sevilla '99, nur tauschten die Gewinner die Stufen. Dritter wurde diesmal der vor zwei Jahren als Vize-Weltmeister geehrte Grieche Konstadinos Gatsioudis (89,95 Meter).

Die geschlagenen Konkurrenten verneigten sich tief vor der Klasse des Gewinners. Boris Henry (Saarbrücken) wurde mit 85,52 Metern Sechster und sagte: »Ich könnte dem Jan stundenlang zuschauen. Seine Technik

ist ein Genuss. Jan ist der ultimative Speerwerfer des 20. Jahrhunderts. Er steht für mich auf einer Stufe mit Carl Lewis, Michael Johnson oder Sergej Bubka.«
Der Unterschied zu den genannten Superstars ist: Zelezny warf den Speer ins 21. Jahrhundert und hat – als einziger aktiver und amtierender Weltmeister mit Sitz im Internationalen Olympischen Komitee – auch in Zukunft noch sportliche Ziele: »Meine derzeitige Technik lässt zwar keine hundert Meter zu, aber das kann sich noch ändern.« Jedenfalls verschwende er keinen Gedanken ans Aufhören.

Was das Durchhaltevermögen anbelangt, ist Raymond Hecht mit dem Weltmeister auf Augenhöhe. Der 32-jährige Magdeburger wurde mit 86,46 Metern Fünfter, registrierte »nach 20 Jahren Speerwurf Materialverschleiß im Körper« und sagte dennoch: »Ich werde nicht aufgeben, bis ich auf dem Treppchen stehe.« Auch Henry fand in Edmonton den »Geschmack auf mehr«. Keine Geschmacksfrage, sondern eine Tatsache war: Der Deutsche Meister Peter Blank (Frankfurt) hatte sich aus dem Kreis der Weltklasse schon in der Qualifikation verabschiedet.

Gold und kein Ende: Jan Zelezny

Jan Zelezny (Tschechien), geboren am 16. Juni 1966 in Mlada Boleslav.
Maße: 1,86 m; 88 kg.
Größte Erfolge: Olympiasieger 1992, 1996, 2000, Olympia-Silber 1988; Weltmeister 1993 und 1995, WM-Dritter 1987 und 1999.
Champion-Spruch: »Wie man sieht, werde ich im Alter immer besser. Ich fühle mich derart stark, dass ich überhaupt keinen Gedanken ans Aufhören verschwende.«

Nur vier waren besser: Allerdings waren es über drei Meter, die Raymond Hecht (86,46 Meter) fehlten, um in die Nähe der Medaillenränge im Speerwurf zu kommen.

Speerwerfen Männer

WR: Jan Zelezny (Tschechien) 98,48 m (1996)

Finale am 12. August 2001

1. Jan Zelezny (Tschechien) 92,80 m
2. Aki Parviainen (Finnland) 91,31
3. Konstadinos Gatsioudis (Griechenland) 89,95

Männer: Zehnkampf

Zum dritten Mal Weltmeister: 2,00 Meter im Hochsprung ist unter Zehnkämpfern nichts Außergewöhnliches, aber bei drei Welttitelkämpfen hintereinander der insgesamt Vielseitigste zu sein, ist schon etwas Besonderes – der Tscheche Tomas Dvorak ist der alte und neue König der Athleten.

Wahre Sportsmänner: Wie so oft nach zehn kraftraubenden Disziplinen werden die härtesten Konkurrenten nach dem Wettkampf wieder Freunde (oben: Tomas Dworak zwischen Erki Nool und Dean Macey); der Weltrekordhalter Roman Sebrle (rechte Seite) hielt trotz einer schmerzhaften Verletzung bis zum Ende durch und Stefan Schmid (unten) war mit 8307 Punkten und dem siebten Platz sehr zufrieden.

Männer: Zehnkampf

Dvorak schafft den Hattrick: Dritter WM-Titel

Als der Gipfel gestürmt, die Medaillen verteilt und die Unterlegenen froh waren, überhaupt angekommen zu sein, waren sie für ein paar Minuten alle eins: Sie teilten die Erschöpfung und das Glücksgefühl, bis zum Ende durchgekommen zu sein. Welch ein eindrucksvolles Bild der Gemeinsamkeit sportlicher Gegner: Als der Letzte über 1500 Meter im Ziel war, machten sich die Zehnkämpfer miteinander auf eine Abschiedsrunde durchs Stadion vorbei an den Zuschauern, die sich zu Ehren aller Teilnehmer an dem zweitägigen Vielseitigkeits-Wettkampf applaudierend von ihren Sitzen erhoben hatten. Spätestens in diesem Moment muss Frank Busemann trotz der sommerlichen Hitze die Gänsehaut gespürt haben. Als Co-Kommentator hatte der Leverkusener seine Disziplin fürs Fernsehen mit Worten begleitet, weil seine Ellbogen-Verletzung die WM-Teilnahme verhindert hat. Aber das Gefühl kennt der Olympia-Zweite von Atlanta gut: Wenn man zwei Tage lang gemeinsam von Disziplin zu Disziplin geht, Auf und Ab erlebt, Rückschläge überwindet und Bestleistungen sucht, dann schmiedet das auch Gegner zusammen.

Das Besondere des Zehnkampfs verliert seine faszinierende Komponente nie. Aber das Besondere des Zehnkampfs in Edmonton war die Krönung des Königs der Athleten, der Geschichte schrieb: Tomas Dvorak (29) gewann mit 8902 Punkten seinen dritten Weltmeistertitel in Serie und stellte damit den Rekord des Amerikaners Dan O'Brien ein. Der Tscheche verwies den Olympiasieger Erki Nool (Estland) auf Platz zwei, der mit 8815 Punkten seinen neuen Landesrekord versilberte. Mit einer persönlichen Bestleistung von 8603 Punkten gewann der britische Olympia-Vierte Dean Macey Bronze, nachdem er überraschend mit einem winzigen Punkt Vorsprung zur Halbzeit nach fünf Disziplinen den zweiten Wettkampftag in Führung liegend begonnen hatte.

Tomas Dvorak war der glücklichste Mann des Tages: »Ich bin zurück an der Spitze und will es auch bleiben«. Kaum hatte er ausgesprochen, kam schon ein Telegramm aus der Heimat. Absender: Staatspräsident Vaclav Havel. Der Text: »Mit großer Freude gratuliere ich zu Ihrem ausgezeichneten Ergebnis, mit dem Sie den Titel als König der Athleten verteidigt haben. Ich danke Ihnen, dass Sie mit Ihrer Leistung erneut dazu beigetragen haben, den guten Namen Tschechiens im Ausland zu verbreiten.«

Ein anderer Landsmann Havels ging traurig aus der Arena: Im Mai – also wenige Wochen vor der WM – hatte Roman Sebrle mit seinem Weltrekord in Götzis als erster Zehnkämpfer die magische Marke von 9000 Punkten überschritten (9026); in Edmonton fiel der Gipfelstürmer als Zehnter mit 8174 Punkten vom Hochplateau. Ein Held blieb er

Comeback in Gold: Tomas Dvorak

Thomas Dvorak (Tschechien), geboren am 11. Mai 1972 in Gotwaldov. Maße: 1,86 m; 88 kg. Größte Erfolge: Weltmeister 1997 und 1999; Olympia-Dritter 1996, Europacup-Sieger 1995 und 1999.
Champion-Spruch: »Ich bin zurück an der Spitze und will es auch bleiben.«

dennoch: Eine schmerzhafte Leistenverletzung plagte Sebrle und ein wenig dürften auch die Nerven dem Erwartungsdruck nicht standgehalten haben, aber er hielt durch. Andere hätten an seiner (aussichtslosen) Stelle aufgegeben.
Aber Zehnkämpfer sind Kämpfernaturen – und deswegen wurde Sebrle in einem Atemzug mit Dvorak genannt. Zum Beispiel von Stefan Schmid, der nach Höhen (Bestleistung von 5,10 m im Stabhochsprung) und Tiefen (bei den Würfen) als Siebter mit 8307 Punkten mit seinem Wettkampf sehr zufrieden sein konnte. »Das Endergebnis ist sehr gut.« Der 31-jährige Karlstadter über die Tschechen: »Die beiden sind die Lichtgestalten im Zehnkampf. Nicht nur wegen der Leistungen, sondern auch vom Auftreten her. Toll, wie sie sich gegenseitig inspirieren.«
Zu den Unglücksraben gehörte Sebastian Knabe: Der 22-Jährige aus Halle blieb zum Auftakt des zweiten Tages über 110 Meter Hürden am dritten Hindernis hängen und vergab damit seine Aussichten auf ein gutes WM-Debüt. Trotz null Punkten in dieser Disziplin setzte Knabe seinen Zehnkampf erst einmal unter dem Stichwort »Erfahrung sammeln« fort, doch auf die 1500 Meter zum Schluss verzichtete er doch: »Da hat mir der Mut gefehlt, mich noch zu quälen.«
Tomas Dvorak kann ein Lied davon singen, wie lohnenswert es ist, im Zehnkampf nicht aufzugeben: Nach einer frustrierenden Verletzungphase und einem enttäuschenden sechsten Platz bei den Olympischen Spielen in Sydney feierte er in Edmonton ein Comeback. Nur den Neuntausender hat er noch nicht erklommen. »Ich wollte den Weltrekord angehen, aber nach den Hürden und dem Diskus war mir klar, dass ich es nicht mehr schaffen würde.« Die Enttäuschung wurde in purem Gold aufgewogen.

Zehnkampf Männer

WR: Roman Sebrle (Tschechien) 9026 Punkte (2001)

Finale am 6./7. August 2001

1. Tomas Dvorak (Tschechien) 8902 Punkte (100 m: 10,62 Sek. – Weit: 8,07 m – Kugel: 16,57 m – Hoch: 2,00 m – 400 m: 47,74 Sek. – 110 m Hürden: 13,80 Sek. – Diskus: 45,51 m – Stab: 5,00 m – Speer: 68,53 m – 1500 m: 4:35,13 Min.)
2. Erki Nool (Estland) 8815 (10,60 – 7,63 – 14,90 – 2,03 – 46,23 – 14,40 – 43,40 – 5,40 – 67,01 – 4:29,58)
3. Dean Macey (Großbritannien) 8603 (10,72 – 7,59 – 15,41 – 2,15 – 46,21 – 14,34 – 46,96 – 4,70 – 54,61 – 4:29,05)

Statistik

Leichtathletik-WM 2001 in Edmonton

(3. bis 12. August 2001)

FRAUEN

100 m (WR: 10,49 Sek.)

1. Shanna Pintusewitsch (Ukraine) 10,82 Sek.
2. Marion Jones (USA) 10,85
3. Ekaterini Thanou (Griechenland) 10,91
4. Chandra Sturrup (Bahamas) 11,02
5. Chryste Gaines (USA) 11,06
6. Debbie Ferguson (Bahamas) 11,13
7. Kelli White (USA) 11,15
8. Mercy Nku (Nigeria) 11,17

Im Halbfinale ausgeschieden: Gabi Rockmeier (Dortmund) 11,48; im Zwischenlauf ausgeschieden: Marion Wagner (Mainz) 11,43, Melanie Paschke (Wattenscheid) 11,60

200 m (WR: 21,34 Sek.)

1. Marion Jones (USA) 20,39 Sek.
2. Debbie Ferguson (Bahamas) 22,52
3. Kelli White (USA) 22,56
4. LaTasha Jenkins (USA) 22,85
5. Cydonie Mothersill (Cayman-Inseln) 22,88
6. Juliet Campbell (Jamaika) 22,99
7. Alenka Bikar (Slowenien) 23,00
8. Leonie Mani Myriam (Kamerun) 23,15

Im Halbfinale ausgeschieden: Birgit Rockmeier (Dortmund) 22,97, Gabi Rockmeier (Dortmund) nicht im Ziel

400 m (WR: 47,60 Sek.)

1. Amy Thiam Mbacke (Senegal) 49,86 Sek.
2. Lorraine Fenton (Jamaika) 49,88
3. Ana Guevara (Mexiko) 49,97
4. Grit Breuer (Magdeburg) 50,49
5. Kaltouma Nadjina (Tschad) 50,80
6. Olesja Zykina (Russland) 50,93
7. Mireille Nguimgo (Kamerun) 51,97

ausgesch.: Falilat Ogunkoya (Nigeria)

Im Halbfinale ausgeschieden: Florence Ekpo-Umoh (Mainz) 51,47, Claudia Marx (Berlin) 51,75

4 x 100 m (WR: 41,37 Sek.)

1. USA 41,71 Sek. (Kelli White, Chryste Gaines, Inger Miller, Marion Jones)
2. Deutschland 42,32 (Melanie Paschke, Gabi Rockmeier, Birgit Rockmeier, Marion Wagner)
3. Frankreich 42,39 (Sylviane Felix, Frederique Bangue, Muriel Hurtis, Odiah Sidibe)
4. Jamaika 42,40
5. Nigeria 42,52
6. Großbritannien 42,60
7. Griechenland 43,25
8. Russland 43,58

4 x 400 m (WR: 3:13,17 Min.)

1. Jamaika 3:20,65 Min. (Sandie Richards, Catherine Scott, Debbie-Ann Parris, Lorraine Fenton)
2. Deutschland 3:21,97 (Florence Ekpo-Umoh, Shanta Ghosh, Claudia Marx, Grit Breuer)
3. Russland 3:24,92 (Irina Rosichina, Julia Nosowa, Anastasia Kapaschinskaja, Olesja Zykina)
4. USA 3:26,88
5. Großbritannien 3:26,94
6. Frankreich 3:27,54
7. Polen 3:27,78
8. Kanada 3:27,93

800 m (WR: 1:53,28 Min.)

1. Maria Mutola (Mosambik) 1:57,17 Min.
2. Stephanie Graf (Österreich) 1:57,20
3. Letitia Vriesde (Surinam) 1:57,35
4. Faith Macharia (Kenia) 1:58,98
5. Diane Cummins (Kanada) 1:59,49
6. Kelly Holmes (Großbritannien) 1:59,76
7. Mayte Martinez (Spanien) 2:00,09
8. Ivonne Teichmann (Magdeburg) 2:04,33

1500 m (WR: 3:50,46 Min.)

1. Gabriela Szabo (Rumänien) 4:00,57 Min.
2. Violeta Szekely (Rumänien) 4:01,70
3. Natalja Gorelowa (Russland) 4:02,40
4. Carla Sacramento (Portugal) 4:03,96
5. Lidia Chojecka (Polen) 4:06,70
6. Natalia Rodriguez (Spanien) 4:07,10
7. Alesja Turowa (Weißrussland) 4:07,25
8. Süreyya Ayhan (Türkei) 4:08,17

5000 m (WR: 14:28,09 Min.)

1. Olga Jegorowa (Russland) 15:03,39 Min.
2. Marta Dominguez (Spanien) 15:06,59
3. Ayelech Worku (Äthiopien) 15:10,17
4. Yanmei Dong (China) 15:10,73
5. Irina Mikitenko (Frankfurt/Main) 15:13,93
6. Jelena Zadoroschnaja (Russland) 15:16,15
7. Edith Masai (Kenia) 15:17,67
8. Gabriela Szabo (Rumänien) 15:19,55

10 000 m (WR: 29:31,78 Min.)

1. Derartu Tulu (Äthiopien) 31:48,81 Min.
2. Berhane Adere (Äthiopien) 31:48,85
3. Gete Wami (Äthiopien) 31:49,98
4. Paula Radcliffe (Großbritannien) 31:50,06
5. Mihaela Botezan (Rumänien) 32:03,46
6. Ludmilla Petrowa (Russland) 32:04,94
7. Asmae Leghzaoui (Marokko) 32:06,35
8. Yamna Belkacem (Frankreich) 32:09,21

Marathon (WR: 2:20:43 Std.)

1. Lidia Simon (Rumänien) 2:26:01 Std.
2. Reiko Tosa (Japan) 2:26:06
3. Swetlana Zacharowa (Russland) 2:26:18
4. Yoko Shibui (Japan) 2:26:33
5. Sonja Oberem (Leverkusen) 2:28:17
6. Florence Barsosio (Kenia) 2:28:36
7. Shitaye Gemeche (Äthiopien) 2:28:40
8. Ljubow Morgunowa (Russland) 2:28:54
23. Melanie Kraus (Leverkusen) 2:34:51

ausgesch.: Kathrin Weßel (Berlin)

20 km Gehen (WR: 1:24:50 Std.)

1. Olimpiada Iwanowa (Russland) 1:27:48 Std.
2. Walentina Tsibulskaja (Weißrussland) 1:28:49
3. Elisabetta Perrone (Italien) 1:28:56
4. Erica Alfridi (Italien) 1:29:48
5. Maria Vasco (Spanien) 1:30:19
6. Norica Cimpean (Rumänien) 1:30:39
7. Melanie Seeger (Potsdam) 1:30:41 (NR)
8. Annarita Sidoti (Italien) 1:31:40

100 m Hürden (WR: 12,21 Sek.)

1. Anjanette Kirkland (USA) 12,42 Sek.
2. Gail Devers (USA) 12,54
3. Olga Schischigina (Kasachstan) 12,58
4. Swetla Dimitrowa (Bulgarien) 12,58
5. Jenny Adams (USA) 12,63
6. Dionne Rose-Henley (Jamaika) 12,79
7. Linda Ferga (Frankreich) 12,80
8. Vonette Dixon (Jamaika) 13,02

Im Vorlauf ausgeschieden: Kirsten Bolm (Köln) 13,13

400 m Hürden (WR: 52,62 Sek.)

1. Nezha Bidouane (Marokko) 53,34 Sek.
2. Julia Nosowa (Russland) 54,27
3. Daimi Pernia (Kuba) 54,51
4. Tonja Buford-Bailey (USA) 54,55
5. Debbie-Ann Parris (Jamaika) 54,68
6. Ionela Tirlea (Rumänien) 55,36
7. Deon Hemmings (Jamaika) 55,83
8. Sandra Glover (USA) 57,42

Im Vorlauf ausgeschieden: Heike Meißner (Chemnitz) 56,79

Dreisprung (WR: 15,50 m)

1. Tatjana Lebedewa (Russland) 15,25 m
2. Francoise Mbango Etone (Kamerun) 14,60
3. Teresa Marinowa (Bulgarien) 14,58
4. Magdelin Martinez (Italien) 14,52
5. Heli Koivula (Finnland) 14,28
6. Cristina Nicolau (Rumänien) 14,17
7. Ashia Hansen (Großbritannien) 14,10
8. Trecia Smith (Jamaika) 13,92

In der Qualifikation ausgeschieden: Nicole Herschmann (Berlin) 13,81

Hochsprung (WR: 2,09 m)

1. Hestrie Cloete (Südafrika) 2,00 m
2. Inga Babakowa (Ukraine) 2,00
3. Kajsa Bergqvist (Schweden) 1,97
4. Wenelina Wenewa (Bulgarien) 1,97
5. Wita Palamar (Ukraine) 1,94
6. Blanka Vlasic (Kroatien) 1,94
7. Dora Györffy (Ungarn) 1,90 und Monica Iagar-Dinescu (Rumänien) 1,90

Stabhochsprung (WR: 4,81 m)

1. Stacy Dragila (USA) 4,75 m
2. Swetlana Feofanowa (Russland) 4,75 (KR)
3. Monika Pyrek (Polen) 4,55

4. Tatjana Grigorjewa (Australien) 4,55
5. Shuying Gao (China) 4,50
6. Edda Elisdottir (Island) 4,45
7. Yvonne Buschbaum (Stuttgart) 4,45
8. Pavla Hamackova (Tschechien) 4,45
10. Carolin Hingst (Donau/Ries) 4,25

Im der Qualifikation ausgeschieden: Annika Becker (Rotenburg/Bebra) 4,25

Weitsprung (WR: 7,52 m)

1. Fiona May (Italien) 7,02 m
2. Tatjana Kotowa (Russland) 7,01
3. Niurka Montalvo (Spanien) 6,88
4. Tünde Vaszi (Ungarn) 6,86
5. Valentina Gotovska (Litauen) 6,84
6. Niki Xanthou (Griechenland) 6,76
7. Maurren Higa Maggi (Brasilien) 6,73
8. Ludmilla Galkina (Russland) 6,70

Kugelstoßen (WR 22,63 m)

1. Janina Koroltschik (Weißrussland) 20,61 m
2. Nadine Kleinert-Schmitt (Magdeburg) 19,86
3. Wita Pawlitsch (Ukraine) 19,41
4. Larissa Peleschenko (Russland) 19,37
5. Irina Korschanenko (Russland) 19,35
6. Astrid Kumbernuss (Neubrandenburg) 19,25
7. Nadeschda Ostaptschuk (Weißrussland) 18,98
8. Yumileidis Cumba (Kuba) 18,73

Diskuswerfen (WR: 76,80 m)

1. Natalja Sadowa (Russland) 68,57 m
2. Ellina Zwerewa (Weißrussland) 67,10
3. Nicoleta Grasu (Rumänien) 66,24
4. Anastasia Kelesidou (Griechenland) 65,50
5. Franka Dietzsch (Neubrandenburg) 65,38
6. Seilala Sua (USA) 63,74
7. Vera Pospisilova (Tschechien) 61,47
8. Kristin Kuehl (USA) 61,04
9. Anja Möllenbeck (Wattenscheid) 60,49

Hammerwerfen (WR: 76,07 m)

1. Yipsi Moreno (Kuba) 70,65 m
2. Olga Kuzenkowa (Russland) 70,61
3. Bronwyn Eagles (Australien) 68,87
4. Kamila Skolimowska (Polen) 68,05
5. Manuela Montebrun (Frankreich) 67,78
6. Lorraine Shaw (Großbritannien) 65,89
7. Florence Ezeh (Frankreich) 65,88
8. Ivana Brkljacic (Kroatien) 65,43
9. Kirsten Münchow (Frankfurt/Main) 64,39

In der Qualifikation ausgeschieden: Susanne Keil (Frankfurt/Main) 64,06

Speerwerfen (WR: 71,54 m)

1. Osleidys Menendez (Kuba) 69,53 m
2. Mirela Manjani-Tzilili (Griechenland) 65,78
3. Sonia Bisset (Kuba) 64,69
4. Nikola Tomeckova (Tschechien) 63,11
5. Steffi Nerius (Leverkusen) 62,08
6. Mikaela Ingberg (Finnland) 61,94
7. Xiomara Rivero (Kuba) 61,60
8. Angeliki Tsiolakoudi (Griechenland) 61,01

Siebenkampf (WR: 7291 Punkte)

1. Jelena Prochorowa (Russland) 6694 Punkte (100 m Hürden: 13,77 Sek. – Hoch: 1,88 m – Kugel: 13,15 m – 200 m: 23,73 Sek. – Weit: 6,61 m – Speer: 50,73 m – 800 m: 2:11,53 Min.)
2. Natalja Sasanowitsch (Weißrussland) 6539 Punkte (13,29 – 1,76 – 15,90 – 23,87 – 6,50 – 46,72 – 2:20,87)
3. Sheila Burrell (USA) 6472 Punkte (13,05 – 1,67 – 12,87 – 22,92 – 6,45 – 48,74 – 2:14,24)
4. Natalja Roschtschupkina (Russland) 6294 (14,12 – 1,79 – 14,74 – 23,41 – 6,02 – 44,04 – 2:15,56)
5. Karin Ertl (Fürth/München) 6283 (13,56 – 1,82 – 13,83 – 24,91 – 6,28 – 45,89 – 2:18,54)
6. Le Shundra Nathan (USA) 6073 (13,68 – 1,70 – 14,68 – 25,16 – 6,04 – 46,12 – 2:19,05)
7. Irina Belowa (Russland) 6061 (13,86 – 1,73 – 14,12 – 24,66 – 5,86 – 38,73 – 2:07,44)
8. Gertrud Bacher (Italien) 6010 (13,94 – 1,70 – 14,03 – 25,10 – 5,69 – 45,38 – 2:09,85)

MÄNNER

100 m (WR: 9,79 Sek.)

1. Maurice Greene (USA) 9,82 Sek.
2. Tim Montgomery (USA) 9,85
3. Bernard Williams (USA) 9,94
4. Ato Boldon (Trinidad) 9,98
5. Dwain Chambers (Großbritannien) 9,99
6. Kim Collins (St. Kitts & Nevis) 10,07
7. Christian Malcolm (Großbritannien) 10,11
8. Abdul Aziz Zakari (Ghana) 10,24

Im Zwischenlauf ausgeschieden: Tim Goebel (Köln) 10,31

200 m (WR: 19,32 Sek.)

1. Konstadinos Kederis (Griechenland) 20,04 Sek.
2. Christopher Williams (Jamaika) 20,20
3. Shawn Crawford (USA) 20,20 und Kim Collins (St. Kitts & Nevis) 20,20
5. Christian Malcolm (Großbritannien) 20,22
6. Stephane Buckland (Mauritius) 20,24
7. Kevin Little (USA) 20,25
8. Marlon Devonish (Großbritannien) 20,38

Im Zwischenlauf ausgeschieden: Alexander Kosenkow (Kornwestheim) 20,66

400 m (WR: 43,18 Sek.)

1. Avard Moncur (Bahamas) 44,64 Sek
2. Ingo Schultz (Dortmund) 44,87
3. Gregory Haughton (Jamaika) 44,98
4. Antonio Pettigrew (USA) 44,99
5. Eric Milazar (Mauritius) 45,13
6. Hamdan Al-Bishi (Saudi-Arabien) 45,23
7. Alleyne Francique (Grenada) 46,23

ausgesch.: Robert Mackowiak (Polen)

4 x 100 m (WR: 37,40 Sek.)

1. USA 37,96 Sek. (Mickey Grimes, Bernard Williams, Dennis Mitchell, Tim Montgomery)
2. Südafrika 38,47 (Morne Nagel, Corne Du Plessis, Lee-Roy Newton, Adam Basil)
3. Trinidad & Tobago 38,58 (Marc Burns, Ato Boldon, Jaycey Harper, Darrel Brown)
4. Australien 38,83
5. Japan 38,96
6. Elfenbeinküste 39,18
7. Polen 39,71

disqualifiziert: Brasilien

Im Vorlauf disqualifiziert: Deutschland (Rasgawa Pinnock, Steffen Otto, Alexander Kosenkow, Tim Goebel)

4 x 400 m (WR: 2:54,20 Min.)

1. USA 2:57,54 Min. (Leonard Byrd, Antonio Pettigrew, Derrick Brew, Angelo Taylor)
2. Bahamas 2:58,19 (Avard Moncur, Christopher Brown, Troy McIntosh, Timothy Munnings)
3. Jamaika 2:2:58,39 (Brandon Simpson, Christopher Williams, Gregory Haughton, Danny McFarlane)
4. Polen 2:59,71
5. Brasilien 3:01,09
6. Großbritannien 3:01,26
7. Spanien 3:02,24
8. Deutschland 3:03,52 (Marc-Alexander Scheer, Ruwen Faller, Lars Figura, Ingo Schultz)

800 m (WR: 1:41,11 Min.)

1. Andre Bucher (Schweiz) 1:43,70 Min.
2. Wilfred Bungei (Kenia) 1:44,55
3. Pawel Czapiewski (Polen) 1:44,63
4. William Yiampoy (Kenia) 1:44,96
5. Nils Schumann (Berlin) 1:45,00
6. Mbulaeni Mulaudzi (Südafrika) 1:45,01
7. Khalid Tighazouine (Marokko) 1:45,58
8. Hezekiel Sepeng (Südafrika) 1:46,68

1500 m (WR: 3:26,00 Min.)

1. Hicham El Guerrouj (Marokko) 3:30,68 Min.
2. Bernard Lagat (Kenia) 3:31,10
3. Driss Maazouzi (Frankreich) 3:31,54
4. William Chirchir (Kenia) 3:31,91
5. Reyes Estevez (Spanien) 3:32,34
6. Jose Antonio Redolat (Spanien) 3:34,29
7. Rui Silva (Portugal) 3:35,74
8. Abdelkader Hachlaf (Marokko) 3:36,54

Im Vorlauf ausgeschieden: Wolfram Müller (Pirna) 3:39,95

5000 m (WR: 12:39,36 Min.)

1. Richard Limo (Kenia) 13:00,77 Min.
2. Ali Saidi Sief (Algerien) 13:02,16
3. Million Wolde (Äthiopien) 13:03,47
4. John Kibowen (Kenia) 13:05,20
5. Alberto Garcia (Spanien) 13:05,60
6. Ismail Sghyr (Frankreich) 13:07,71
7. Samy Kipketer (Kenia) 13:08,46
8. Abiyote Abate (Äthiopien) 13:14,07

10 000 m (WR: 26:22,75 Min.)

1. Charles Kamathi (Kenia) 27:53,25 Min.
2. Assefa Mezgebu (Äthiopien) 27:53,97
3. Haile Gebreselassie (Äthiopien) 27:54,41
4. Yibeltal Admassu (Äthiopien) 27:55,24
5. Fabian Roncero (Spanien) 27:56,07
6. Jose Rios (Spanien) 27:56,58
7. Paul Kosgei (Kenia) 27:57,56
8. John Cheruiyot Korir (Kenia) 27:58,06

Marathon (WR: 2:05:42 Std.)

1. Gezahegne Abera (Äthiopien) 2:12:42 Std.
2. Simon Biwott (Kenia) 2:12:43
3. Stefano Baldini (Italien) 2:13:18
4. Tesfaye Tola (Äthiopien) 2:13:58
5. Shigeru Aburaya (Japan) 2:14:07
6. Abdelkader El Mouaziz (Marokko) 2:15:41
7. Tesfaye Jifar (Äthiopien) 2:16:52
8. Yoshiteru Morishita (Japan) 2:17:05

20 km Gehen (WR: 1:17:46 Std.)

1. Roman Rasskasow (Russland) 1:20:31 Std.
2. Ilja Markow (Russland) 1:20:33
3. Wiktor Burajew (Russland) 1:20:36
4. Nathan Deakes (Australien) 1:20:55
5. David Marquez (Spanien) 1:21:09
6. Joel Sanchez (Mexiko) 1:22:05
7. Satoshi Yanagisawa (Japan) 1:22:11
8. Jefferson Perez (Ecuador) 1:22:20

Ausgeschieden: Andreas Erm (Naumburg), Andre Höhne (Berlin)

50 km Gehen (WR: 3:37:41 Std.)

1. Robert Korzeniowski (Polen) 3:42:08 Std.
2. Jesus Angel Garcia (Spanien) 3:43:07
3. Edgar Hernandez (Mexiko) 3:46:12
4. Aigars Fadejevs (Lettland) 3:46:20
5. Wladimir Potemin (Russland) 3:46:53
6. Valenti Massana (Italien) 3:48:28
7. Curt Clausen (USA) 3:50:46
8. Marco Giungi (Italien) 3:51:09
10. Mike Trautmann (Gleina) 3:53:26

Ausgeschieden durch Disqualifikation: Denis Trautmann (Gleina)

110 m Hürden (WR: 12,91 Sek.)

1. Allen Johnson (USA) 13,04 Sek.
2. Anier Garcia (Kuba) 13,07
3. Dudley Dorival (Haiti) 13,25
4. Yoel Hernandez (Kuba) 13,30
5. Robert Kronberg (Schweden) 13,51
6. Jewgeni Pechonkin (Russland) 13,52
7. Dawane Wallace (USA) 13,76
8. Shaun Bownes (Südafrika) 13,84

Im Halbfinale ausgeschieden: Mike Fenner (Wattenscheid) 13,49, Jerome Crews (Mannheim) 13,55, Florian Schwarthoff (Berlin/nicht im Ziel)

400 m Hürden (WR: 46,78 Sek.)

1. Felix Sanchez (Dominikanische Republik) 47,49 Sek.
2. Fabrizio Mori (Italien) 47,54
3. Dai Tamesue (Japan) 47,89
4. Hadi Soua'an Al-Somaily (Saudi-Arabien) 47,99
5. Boris Gorban (Russland) 48,27
6. Christopher Rawlinson (Großbritannien) 48,54
7. Pawel Januszewski (Polen) 48,57
8. Jiri Muzik (Tschechien) 49,07

3000 m Hindernis (WR: 7:55,72 Min.)

1. Reuben Kosgei (Kenia) 8:15,16 Min.
2. Ali Ezzine (Marokko) 8:16,21
3. Bernard Barmasai (Kenia) 8:16,59
4. Luis Miguel Martin (Spanien) 8:18,87
5. Tahri Bouabdallah (Frankreich) 8:19,56
6. Antonio Jimenez (Spanien) 8:19,82
7. Khamis Abdullah Saifeldin (Katar) 8:20,01
8. Raymond Yator (Kenia) 8:20,87
9. Ralf Aßmus (Großengottern) 8:21,73

Dreisprung (WR: 18,29 m)

1. Jonathan Edwards (Großbritannien) 17,92 m
2. Christian Olsson (Schweden) 17,47
3. Igor Spasowchodski (Russland) 17,44
4. Yoel Garcia (Kuba) 17,40
5. Walter Davis (USA) 17,20
6. Brian Wellmann (Bermudas) 16,81
7. Onochie Achike (Großbritannien) 16,79
8. Rostislaw Dimitrow (Bulgarien) 16,72

In der Qualifikation ausgeschieden: Thomas Moede (Berlin) 15,83

Hochsprung (WR: 2,45 m)

1. Martin Buß (Leverkusen) 2,36 m
2. Jaroslaw Rybakow (Russland) 2,33 und Wjatscheslaw Woronin (Russland) 2,33
4. Javier Sotomayor (Kuba) 2,33
5. Stefan Holm (Schweden) 2,30 und Sergej Kljugin (Russland) 2,30
7. Mark Boswell (Kanada) 2,25 und Staffan Strand (Schweden) 2,25

Stabhochsprung (WR: 6,14 m)

1. Dimitri Markow (Australien) 6,05 m
2. Aleksander Awerbuch (Israel) 5,85
3. Nick Hysong (USA) 5,85
4. Michael Stolle (Leverkusen) 5,85
5. Romain Mesnil (Frankreich) 5,85
6. Richard Spiegelburg (Leverkusen) 5,75 und Christian Tamminga (Niederlande) 5,75
8. Adam Kolasa (Polen) 5,75
11. Danny Ecker (Leverkusen) 5,65

Weitsprung (WR: 8,95 m)

1. Ivan Pedroso (Kuba) 8,40 m
2. Savante Stringfellow (USA) 8,24
3. Carlos Calado (Portugal) 8,21
4. Miguel Pate (USA) 8,21
5. Kareem Streete-Thompson (Cayman-Inseln) 8,10
6. Alexej Lukaschewitsch (Ukraine) 8,10
7. James Beckford (Jamaika) 8,08
8. Dwight Phillips (USA) 7,92

In der Qualifikation ausgeschieden: Schahriar Bigdeli (Leverkusen) 7,51

Kugelstoßen (WR: 23,12 m)

1. John Godina (USA) 21,87 m
2. Adam Nelson (USA) 21,24
3. Arsi Harju (Finnland) 20,93

Medaillenspiegel der Leichtathletik-WM 2001

	Gold	Silber	Bronze		Gold	Silber	Bronze
USA	9	5	5	Japan	–	2	1
Russland	6	7	6	Spanien	–	2	1
Kenia	3	3	1	Finnland	–	1	1
Kuba	3	1	2	Schweden	–	1	1
Deutschland	2	4	1	Algerien	–	1	–
Äthiopien	2	2	4	Estland	–	1	–
Rumänien	2	1	1	Israel	–	1	–
Marokko	2	1	–	Kamerun	–	1	–
Polen	2	–	2	Litauen	–	1	–
Tschechien	2	–	–	Österreich	–	1	–
Weißrussland	1	3	–	Frankreich	–	–	2
Jamaika	1	2	2	Mexiko	–	–	2
Bahamas	1	2	–	Bulgarien	–	–	1
Griechenland	1	1	2	Haiti	–	–	1
Italien	1	1	2	Kasachstan	–	–	1
Ukraine	1	1	1	Portugal	–	–	1
Südafrika	1	1	–	St. Kitts & Nevis	–	–	1
Australien	1	–	1	Surinam	–	–	1
Großbritannien	1	–	1	Trinidad & Tobago	–	–	1
Dominikanische Republik	1	–	–				
Mosambik	1	–	–				
Schweiz	1	–	–				
Senegal	1	–	–				

Im Hochsprung der Männer wurden zwei Silbermedaillen, aber keine Bronzemedaille vergeben. Über 200 Meter der Männer wurden zwei Bronzemedaillen vergeben.

4. Manuel Martinez (Spanien) 20,91
5. Dragan Peric (Jugoslawien) 20,91
6. Juri Belonog (Ukraine) 20,83
7. Conny Karlsson (Finnland) 20,78
8. Bradley Snyder (Kanada) 20,63

In der Qualifikation ausgeschieden: Ralf Bartels (Neubrandenburg) 19,41, Oliver-Sven Buder (Ingolstadt) 18,89

Diskuswerfen (WR: 74,08 m)

1. Lars Riedel (Chemnitz) 69,72 m
2. Virgilijus Alekna (Litauen) 69,40
3. Michael Möllenbeck (Wattenscheid) 67,61
4. Dmitri Schewtschenko (Russland) 67,57
5. Adam Setliff (USA) 66,55
6. Wassili Kaptjuch (Weißrussland) 66,25
7. Roland Varga (Ungarn) 65,86
8. Frantz Kruger (Südafrika) 65,27

In der Qualifikation ausgeschieden: Michael Lischka (Frankfurt/Main) 59,94

Hammerwerfen (WR: 86,74 m)

1. Szymon Ziolkowski (Polen) 83,38 m
2. Koji Murofushi (Japan) 82,92
3. Ilja Konowalow (Russland) 80,27
4. Nicola Vizzoni (Italien) 80,13
5. Andrej Skwaruk (Ukraine) 79,93
6. Balazs Kiss (Ungarn) 79,75
7. Igor Astapkowitsch (Weißrussland) 79,72
8. Tibor Gecsek (Ungarn) 79,34

In der Qualifikation ausgeschieden: Holger Klose (Frankfurt/Main) 74,02; wegen Erkrankung nicht angetreten: Karsten Kobs (Leverkusen)

Speerwerfen (WR: 98,48 m)

1. Jan Zelezny (Tschechien) 92,80 m
2. Aki Parviainen (Finnland) 91,31
3. Konstadinos Gatsioudis (Griechenland) 89,95
4. Breaux Greer (USA) 87,00
5. Raymond Hecht (Magdeburg) 86,46
6. Boris Henry (Saarbrücken) 85,52
7. Sergej Makarow (Russland) 83,64
8. Eriks Rags (Lettland) 82,82

In der Qualifikation ausgeschieden: Peter Blank (Frankfurt/Main) 80,96

Zehnkampf (WR: 9026 Punkte)

1. Tomas Dvorak (Tschechien) 8902 Punkte (100 m: 10,62 Sek. – Weit: 8,07 m – Kugel: 16,57 m – Hoch: 2,00 m – 400 m: 47,74 Sek. – 110 m Hürden: 13,80 Sek. – Diskus: 45,51 m – Stab: 5,00 m – Speer: 68,53 m – 1500 m: 4:35,13 Min.)
2. Erki Nool (Estland) 8815 (10,60 – 7,63 – 14,90 – 2,03 – 46,23 – 14,40 – 43,40 – 5,40 – 67,01 – 4:29,58)
3. Dean Macey (Großbritannien) 8603 (10,72 – 7,59 – 15,41 – 2,15 – 46,21 – 14,34 – 46,96 – 4,70 – 54,61 – 4:29,05)
4. Attila Zsivoczky (Ungarn) 8371 (10,97 – 6,99 – 14,65 – 2,18 – 48,86 – 15,19 – 47,23 – 4,90 – 62,43 – 4:23,23)
5. Lew Lobodin (Russland) 8352 (10,74 – 7,15 – 16,16 – 2,03 – 48,78 – 14,42 – 44,95 – 5,10 – 54,68 – 4:31,77)
6. Jiri Ryba (Tschechien) 8332 (11,14 – 7,17 – 13,76 – 2,09 – 48,76 – 14,33 – 47,40 – 5,10 – 56,04 – 4:20,66)
7. Stefan Schmid (Karlstadt) 8307 (10,87 – 7,43 – 13,55 – 1,97 – 47,86 – 14,57 – 43,16 – 5,10 – 65,13 – 4:33,98)
8. Laurent Hernu (Frankreich) 8280 (10,97 – 7,31 – 14,43 – 2,03 – 49,31 – 14,01 – 43,93 – 5,10 – 59,90 – 4:37,41)

Ausgesch.: Sebastian Knabe (Halle/Saale)

Die Leichtathletik-Weltmeister des Jahres 2001

Frauen

100 m	Shanna Pintusewitsch (Ukraine)	10,82 Sek.
200 m	Marion Jones (USA)	20,39 Sek.
400 m	Amy Thiam Mbacke (Senegal)	49,86 Sek.
4 x 100 m	USA	41,71 Sek.
4 x 400 m	Jamaika	3:20,65 Min.
800 m	Maria Mutola (Mosambik)	1:57,17 Min.
1500 m	Gabriela Szabo (Rumänien)	4:00,57 Min.
5000 m	Olga Jegorowa (Russland)	15:03,39 Min.
10 000 m	Derartu Tulu (Äthiopien)	31:48,81 Min.
Marathon	Lidia Simon (Rumänien)	2:26:01 Std.
20 km Gehen	Olimpiada Iwanowa (Russland)	1:27:48 Std.
100 m Hürden	Anjanette Kirkland (USA)	12,42 Sek.
400 m Hürden	Nezha Bidouane (Marokko)	53,34 Sek.
Dreisprung	Tatjana Lebedewa (Russland)	15,25 m
Hochsprung	Hestrie Cloete (Südafrika)	2,00 m
Stabhochsprung	Stacy Dragila (USA)	4,75 m
Weitsprung	Fiona May (Italien)	7,02 m
Kugelstoßen	Janina Koroltschik (Weißrussland)	20,61 m
Diskuswerfen	Natalja Sadowa (Russland)	68,57 m
Hammerwerfen	Yipsi Moreno (Kuba)	70,65 m
Speerwerfen	Osleidys Menendez (Kuba)	69,53 m
Siebenkampf	Jelena Prochorowa (Russland)	6694 Punkte

Männer

100 m	Maurice Greene (USA)	9,82 Sek.
200 m	Konstadinos Kederis (Griechenland)	20,04 Sek.
400 m	Avard Moncur (Bahamas)	44,64 Sek.
4 x 100 m	USA	37,96 Sek.
4 x 400 m	USA	2:57,54 Min.
800 m	Andre Bucher (Schweiz)	1:43,70 Min.
1500 m	Hicham El Guerrouj (Marokko)	3:30,68 Min.
5000 m	Richard Limo (Kenia)	13:00,77 Min.
10 000 m	Charles Kamathi (Kenia)	27:53,25 Min.
Marathon	Gezahegne Abera (Äthiopien)	2:12:42 Std.
20 km Gehen	Roman Rasskasow (Russland)	1:20:31 Std.
50 km Gehen	Robert Korzeniowski (Polen)	3:42:08 Std.
110 m Hürden	Allen Johnson (USA)	13,04 Sek.
400 m Hürden	Felix Sanchez (Dominikanische Republik)	47,49 Sek.
3000 m Hindernis	Reuben Kosgei (Kenia)	8:15,16 Min.
Dreisprung	Jonathan Edwards (Großbritannien)	17,92 m
Hochsprung	Martin Buß (Leverkusen)	2,36 m
Stabhochsprung	Dmitri Markow (Australien)	6,05 m
Weitsprung	Ivan Pedroso (Kuba)	8,40 m
Kugelstoßen	John Godina (USA)	21,87 m
Diskuswerfen	Lars Riedel (Chemnitz)	69,72 m
Hammerwerfen	Szymon Ziolkowski (Polen)	83,38 m
Speerwerfen	Jan Zelezny (Tschechien)	92,80 m
Zehnkampf	Tomas Dvorak (Tschechien)	8902 Punkte

EINE PRODUKTION DES COPRESS-TEAMS, MÜNCHEN

Lektorat, Bildredaktion und Bildlegenden	Pierre Sick
Produktion & Layout	VerlagsService Dr. Helmut Neuberger & Karl Schaumann GmbH
Umschlaggestaltung	Tausend Premedia GmbH
Alle Abbildungen von	Sven Simon
Die Deutsche Bibliothek –	Ein Titeldatensatz für diese Publikation ist bei der Deutschen Bibliothek erhältlich
Copyright	© 2001 Copress Verlag in der Stiebner Verlag GmbH, München Alle Rechte vorbehalten. Wiedergabe, auch auszugsweise, nur mit ausdrücklicher Genehmigung des Verlags.
Web	www.copress.de
Printed in	Germany
ISBN	3-7679-0512-4

4
EPSON
129
6
EPSON
861
8